W0083988

Apple Watch
watchOS 3 Handbuch

amac
BUCH VERLAG

Anton Ochsenkühn

Apple Watch
watchOS 3 Handbuch

Copyright © 2016 amac-buch Verlag

ISBN 978-3-95431-049-4

Hergestellt in Deutschland

Trotz sorgfältigen Lektorats schleichen sich manchmal Fehler ein. Autoren und Verlag sind Ihnen dankbar für Anregungen und Hinweise!

amac-buch Verlag
Erlenweg 6
D-86573 Obergriesbach
E-Mail: info@amac-buch.de
http://www.amac-buch.de
Telefon +49(0) 82 51/82 71 37
Telefax +49(0) 82 51/82 71 38

Alle Rechte vorbehalten. Die Verwendung der Texte und Bilder, auch auszugsweise, ist ohne die schriftliche Zustimmung des Verlags urheberrechtswidrig und strafbar. Das gilt insbesondere für die Vervielfältigung, Übersetzung, die Verwendung in Kursunterlagen oder elektronischen Systemen. Der Verlag übernimmt keine Haftung für Folgen, die auf unvollständige oder fehlerhafte Angaben in diesem Buch zurückzuführen sind. Nahezu alle in diesem Buch behandelten Hard- und Softwarebezeichnungen sind zugleich eingetragene Warenzeichen.

Inhalt

Kapitel 4 – Wie man die Apple Watch bedient   43

Kapitel 5 – Die Apps   71

Kapitel 6 – Gesundheit und Aktivität — 131

Index — 165

Vorwort

Die Apple Watch ist ein ganz faszinierendes Gerät. Auf den ersten Blick wirkt sie unscheinbar, und man kann nicht wirklich erkennen, was man mit ihr so alles anstellen kann. Erst auf den zweiten und dritten Blick und mit etwas Ausprobieren merkt man, dass es sich hierbei um ein sehr leistungsfähiges Stück Technologie handelt. Mit der nur wenige Gramm leichten Watch am Handgelenk kann man unglaublich viele Dinge anstellen:

- telefonieren, Nachrichten senden oder empfangen
- Uhrfunktionen wie Timer, Wecker, Weltuhr etc. nutzen
- E-Mails empfangen und beantworten
- Push-Mitteilungen erhalten und so über Neuigkeiten aus Wirtschaft, Sport usw. informiert bleiben
- die eigenen Fitnessaktivitäten mit Strecke, Durchschnittsgeschwindigkeiten und Herzfrequenz dokumentieren
- sich an Termine oder zu erledigende Aufgaben erinnern lassen
- die Navigation im Auto oder zu Fuß nutzen
- Rechenaufgaben lösen, wie z. B.: „Wie viel sind 17,5 % von 12.500 Euro?"
- und, und, und ...

Sie sehen also, dass eine Apple Watch sehr viel mehr kann, als eben nur die Uhrzeit anzuzeigen. Übrigens: Selbst das kann sie ausgezeichnet gut, denn die Uhrzeit ist atomuhrgenau und ihre Darstellung über Zifferblätter nahezu beliebig individualisierbar. Obwohl es nur wenige Bedienfunktionen an der Apple Watch gibt (Digitale Krone, Seitentaste, Display), hält sie dennoch vielfältige nützliche Funktionen für Sie bereit.

Wie das alles funktioniert und wie elegant die Apple Watch dann genutzt werden kann, zeige ich Ihnen in diesem Buch. Keine Frage – Sie werden eine Fülle von Raffinessen kennenlernen, sodass Sie bereits nach kurzer Zeit Ihre Apple Watch täglich tragen werden und sich bisweilen nicht mehr vorstellen können, wie es vorher ohne Apple Watch war. Genauso ist es mir ergangen.

Ich hatte viel Spaß dabei, alle Details für Sie zusammenzutragen, und ich wünsche Ihnen nun viel Freude beim Lesen.

Anton Ochsenkühn, im September 2016

Wichtige Fragen
zur Apple Watch

Sie wollen eine Apple Watch erwerben oder Sie besitzen bereits eine Apple Watch, und es gibt aber noch offene Fragen? So ergeht es vielen Leuten, sie würden gerne eine Apple Watch kaufen, haben sich aber noch nicht entschieden, da noch viele Dinge ungeklärt sind. Selbst Besitzer einer Apple Watch haben einige Fragen, bezüglich des neuen Geräts. In diesem Kapitel erhalten Sie Antworten auf die zehn wichtigsten Fragen, rund um die Apple Watch.

Kann ich die Armbänder wechseln? Wenn ja, welche Armbänder gibt es?

Die Apple Watch ist speziell dafür konzipiert, um verschiedene Armbänder zu verwenden. Mit ein paar wenigen Handgriffen ist das Armband ausgetauscht. Dadurch können Sie das Aussehen der Apple Watch Ihren individuellen Bedürfnissen anpassen. Wenn Sie z. B. die Apple Watch für den Sport nutzen, dann verwenden Sie ein Armband, das besonders gut für Sport geeignet ist. Oder Sie wollen die Apple Watch zu einem eleganten Outfit tragen, auch dafür gibt es entsprechende Armbänder. Es gibt von Apple zur Zeit 71 verschiedene Armbänder aus unterschiedlichen Materialien und Farben. Außerdem gibt es noch Drittanbieter, die ebenfalls Armbänder für die Apple Watch anbieten.

Kann ich mit der Apple Watch SMS-Nachrichten senden und empfangen?

Ja, das funktioniert! Allerdings benötigen Sie dafür immer zusätzlich ein iPhone. Das Antworten auf Nachrichten ist allerdings etwas umständlich, da das kleine Display der Apple Watch keine „richtige" Tastatur hat. Allerdings können Sie mit Hilfe von Siri den Nachrichtentext aufsprechen.

Kann ich mit der Apple Watch telefonieren?

Auch diese Frage kann man mit Ja beantworten! Wie bei den Nachrichten benötigen Sie allerdings wieder zusätzlich ein iPhone. Das Telefonat kann direkt mit der Apple Watch ausgeführt werden, da sie sowohl einen kleinen Lautsprecher, als auch ein Mikrofon besitzt.

Kann ich im Speicher der Apple Watch Musik ablegen und sie abspielen?

Ja, das geht! Sie können mit Hilfe des iPhones beliebige Musiktitel auf die Apple Watch übertragen und speichern, und dann von dort aus auch abspielen. Da der Speicher und die Akkuleistung der Apple Watch beschränkt sind, können Sie alternativ die Musiksteuerung des iPhones mit der Apple Watch nutzen. Die Musik läuft also auf dem iPhone ab und die Apple Watch übernimmt nur die Steuerung.

Kann ich auf der Apple Watch auch Fotos ablegen?

Ja, auch das funktioniert! So ähnlich wie bei Musiktiteln, lassen sich Bilder auf die Apple Watch via iPhone übertragen und speichern. Danach können Sie direkt auf dem Display der Apple Watch betrachtet werden. Allerdings ist auch hierfür der Speicher beschränkt. Sie können 75 MByte an Bilddaten auf die Apple Watch laden.

Welche Sportarten unterstützt die Apple Watch?

Die Apple Watch hat für sportliche Aktivitäten einige voreingestellte Sportarten:
- Gehen outdoor und indoor
- Laufen outdoor und indoor
- Rad outdoor und indoor
- Schwimmen mit der wasserdichten Apple Watch Series 2
- Crosstrainer
- Rudergerät
- Stepper

Alle anderen Sportarten fallen in die Kategorie *Sonstiges*. Theoretisch gibt es also jede Sportart auf der Apple Watch.

Hat die Uhr einen GPS-Chip?

Nur die Uhren der Series 2 verfügen über eine eingebaute GPS-Ortung. Die Series 1 kann nur im Zusammenhang mit dem iPhone eine Strecke genau aufzeichnen. Zwar kann die Apple Watch Series 1 beim Laufen die ungefähre Streckenlänge anhand der Schrittlänge ermitteln, das ist aber nicht exakt. Jedoch kann durch mehrmaliges Mitführen des iPhones die Schrittlänge optimiert werden.

Was ist zu tun, wenn die Batterie zur Neige geht? Kann ich den Akku tauschen?

Nein, der Akku kann von Ihnen nicht getauscht werden! Die Akkulaufzeit beträgt zur Zeit ungefähr einen Tag. Je mehr sportliche Aktivitäten mit Aufzeichnungen Sie machen, desto schneller ist der Akku verbraucht. Wenn Sie die Apple Watch nur als reine Uhr und Ergänzung zum iPhone nutzen, dann kann der Akku sogar bis zu zwei Tage halten. Über den Gangreserve-Modus (Verwendung als reine Uhr) haben Sie mehrere Tage Akkulaufzeit.

Was kann die Apple Watch ohne iPhone, und wozu braucht man das iPhone?

Die Apple Watch funktioniert auch grundsätzlich ohne iPhone und kann dabei auch sehr viele Dinge wie z. B. Musiktitel abspielen, den Plus messen oder das Apple TV steuern. Das iPhone wird immer dann benötigt, wenn es um Kommunikation oder allgemein Internet geht. Nachrichten, Telefonate und E-Mails können z. B. nur in Zusammenarbeit mit dem iPhone empfangen bzw. versendet werden.

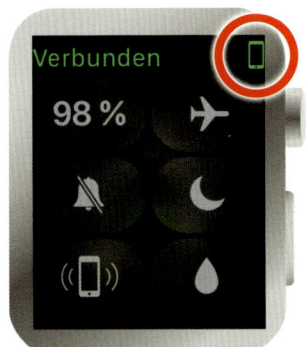  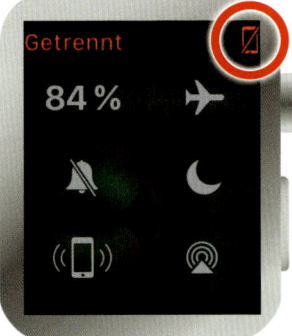

Im Kontrollzentrum sehen Sie, ob die Uhr mit dem iPhone (links), mit einem bekannten WLAN-Netz (mittig) oder gar nicht verbunden ist (rechts). Die Verbindung basiert ja auf Bluetooth. Ist dies auf der Watch oder dem iPhone deaktiviert, wird die Verbindung unterbrochen. Aber auch dann, wenn das iPhone zu weit weg ist (mehr als ca. 10 m), kann die Verbindung nicht hergestellt werden.

Ist die Apple Watch wasserdicht?

Ja, aber nur die Apple Watch Series 2, die Apple Watch Series 1 ist es nicht! Sie ist zwar spritzwassergeschützt, kann aber nicht unter Wasser verwendet werden. Auf der linken Gehäuseseite befindet sich ein Lautsprecher und ein Mikrofon. Wenn dort Wasser hineingelangt, ist die Uhr möglicherweise kaputt. Ein paar Regentropen hingegen stellen kein Problem für die Series 1 dar.

Ist weiteres Zubehör für die Apple Watch verfügbar?

Ja, es gibt besonders im Bereich Bluetooth eine ganze Menge Zubehör für die Apple Watch. Sie können Bluetooth-Kopfhörer oder Brustgurte zur Pulsmessung mit der Apple Watch nutzen. Außerdem gibt es von vielen Herstellern Ladestationen für die Apple Watch.

Technische Daten
und Modelle

Die Apple Watch ist ein kleiner Computer, den Sie am Handgelenk tragen. Wie bei jedem Computer sollten Sie einige technische Daten über die Apple Watch kennen, damit Sie z. B. den internen Speicher nicht überlasten oder sich das richtige Equipment besorgen. In diesem Kapitel erfahren Sie mehr über die technischen Daten der Apple Watch und welche verschiedenen Modelle es von der Uhr gibt.

Modellübersicht

Zuerst will ich Ihnen die verschiedenen Modelle und die Unterschiede zwischen ihnen aufzeigen. Es gibt derzeit zwei Serien mit insgesamt vier verschiedenen Modellen:

- Apple Watch Series 1
- Apple Watch Series 2
- Apple Watch Edition
- und als Sondereditionen die Apple Watch Hermès sowie die Apple Watch Nike+ mit speziellen Armbändern und eigenen Zifferblättern.

Der größte Unterschied zwischen den Modellen ist das Material, aus dem sie gefertigt sind, und die Armbänder, die standardmäßig mitgeliefert werden. Das Innenleben ist innerhalb der Series-2-Modelle gleich. Die Apple Watch der Series 1 hat ein etwas anderes Innenleben.

Jedes Modell gibt es in zwei verschiedenen Größen, mit einem 42-mm- oder 38-mm-Display. Die Leistungsdaten der verschiedenen Größen unterscheiden sich allerdings nicht. Die folgende Übersicht zeigt die Unterschiede der Modelle:

	Series 1	Series 2			
	Apple Watch	Apple Watch	Apple Watch Edition	Apple Watch Hermès	Apple Watch Nike+
Gehäuse	Aluminium	Aluminium, Edelstahl	Keramik-gehäuse	Edelstahl	Aluminium
Standardarm-bänder, die beim Kauf ausgewählt werden kön-nen*	Sportarm-band, Nylonarm-band	Lederarm-band, Nylonarm-band, Edelstahlarm-band gewebt oder als Glieder-armband, Sportarm-band,	Sportarm-band	Barenia Lederarm-band, Lederarm-band	spezielles Sportarm-band
Preis	Ab 319 Euro	Ab 419 Euro	Ab 1349 Euro	Ab 1349 Euro	Ab 419 Euro

*Die jeweiligen Armbänder gibt es in unterschiedlichen Farben.

Die Apple-Watch-Modelle: Apple Watch Series 1 und 2, Edition (oben) und Hermès und Nike+ (unten). (Fotos: Apple)

Technische Daten

Die technischen Daten der Apple Watch sind ebenfalls sehr interessant. Dabei unterscheiden sich die einzelnen Modelle nur sehr geringfügig. Alle Modelle der Series 2 verwenden den gleichen Hauptprozessor und haben gleich viel Speicher. Es gibt nur einen Unterschied in der Glasoberfläche des Displays.

Folgende Tabelle fasst die technischen Daten der Modelle zusammen:

	Series 1	Series 2		
	Apple Watch	**Apple Watch**	**Apple Watch Hermès**	**Apple Watch Edition**
Hauptprozessor	S1 von Apple	S2 von Apple		
Arbeits-speicher	8 GByte, davon maximal 2 GByte für Musik und 75 MByte für Fotos (Die Speicherbelegung im Detail können Sie mit der Watch-App auf dem iPhone einsehen: **Meine Uhr –> Allgemein –> Benutzung** – oder in einfacher Version auf der Watch in **Einstellungen –> Allgemein –> Info.**)			
WLAN	802.11 b/g/n mit 2,4 GHz mit maximal 150 Mbit/s			
Bluetooth	Bluetooth LE 4.0			
Akku	Lithium-Polymer-Akku mit 205 mAh und einer Laufzeit von ca. 18 Stunden			
Ladezeit (mit-geliefertes 5-W-USB-Netzteil)	Von 0 auf 100 Prozent ca. 2,5 Stunden Von 0 auf 80 Prozent ca. 1,5 Stunden			
Displaygröße	38-mm-Modell: 272 × 340 Pixel 42-mm-Modell: 312 × 390 Pixel			
Displayglas	Ion-X Glas	Saphirglas (Gehäuse aus Edelstahl und Keramik) Ion-X Glas (Gehäuse aus Aluminium)		
Gehäuseboden		Komposit-werkstoff	Keramik	
Gewicht	**38 mm:** 25 Gramm **42 mm:** 30 Gramm	**38 mm:** 28,2 Gramm **42 mm:** 34,2 Gramm	**38 mm:** 41,9 Gramm **42 mm:** 52,4 Gramm	**38 mm:** 39,6 Gramm **42 mm:** 45,6 Gramm
Breite/Höhe/Tiefe	**38-mm-Modell:** 33,3 × 38,6 × 10,5 mm **42-mm-Modell:** 35,9 × 42 × 10,5 mm	**38-mm-Modell:** 33,3 x 38,6 x 11,4 mm **42-mm-Modell:** 36,4 x 42,5 x 11,4 mm		
Sensoren	Umgebungslichtsensor, Herzfrequenzmesser, Beschleunigungssensor und Gyrosensor			
Ortung	via iPhone	integriertes GPS		

Bedienelemente

Die Apple Watch hat am Gehäuse einige Elemente, die für die Bedienung des Geräts wichtig sind. Es sind zwar nicht besonders viele, aber in diesem Buch wird sehr oft von diesen Bedienelementen die Rede sein, weswegen Sie genau wissen sollten, welche Taste gemeint ist, wenn z. B. von der „Krone" die Rede ist.

Die Apple Watch und die Bedienelemente am Gehäuse (Foto: Apple).

❶ *Digitale Krone*: So nennt Apple dieses Drehrad. Mit ihm können Sie Elemente auf dem Display ansteuern oder zoomen. Die Krone kann auch gedrückt werden, um Eingaben zu bestätigen bzw. Aktionen zu starten und Siri aufzurufen.

❷ *Seitentaste:* Diese Taste dient zum Ein- und Ausschalten der Apple Watch und zum Öffnen des Docks.

❸ *Lautsprecher:* Der Lautsprecher besteht aus zwei Schlitzen und wird zum Telefonieren und Musikhören verwendet. Da er sehr klein ist, ist die Qualität dementsprechend nicht besonders überragend.

Bedienelemente

④ *Mikrofon:* Das Mikrofon ist ein kleines Loch und wird nicht nur zum Telefonieren gebraucht, sondern auch, um Siri Anweisungen zu geben. Beim Modell Series 2 finden Sie hier noch eine zusätzliche Luftöffnung.

⑤ *Sensoren für die Plusmessung:* Die vier Sensoren auf der Rückseite der Apple Watch werden für die Messung des Pulses verwendet. Aus diesem Grund sollte die Apple Watch auch immer eng am Handgelenk anliegen. Die Messung findet mithilfe von Licht statt.

⑥ *Arretierungen für das Armband:* Mit den beiden Tasten können Sie die Arretierung lösen und damit das Armband sehr leicht wechseln. Sie müssen dazu nur die Tasten gedrückt halten und das Armband zur Seite herausziehen.

Die Apple Watch einrichten und konfigurieren

Bevor Sie die Apple Watch nutzen können, müssen Sie sie einrichten. Dabei ist unbedingt ein iPhone erforderlich. Die Apple Watch kann mit einem iPhone 5 oder neuer eingerichtet bzw. gekoppelt werden. Auf dem iPhone sollte mindestens iOS 8 oder neuer installiert sein. Zudem muss Bluetooth eingeschaltet sein, denn darüber spricht das iPhone mit der Apple Watch.

Sind diese Voraussetzung gegeben, können Sie mit dem Einrichten der Apple Watch beginnen.

Erstinstallation

Wenn dies Ihre erste Apple Watch ist, dann reichen wenige Arbeitsschritte aus, um die Apple Watch zu nutzen. Als Erstes muss die Apple Watch natürlich eingeschaltet werden. Dazu drücken Sie circa zwei Sekunden lang die *Seitentaste*. Die Apple Watch startet und fordert Sie auf, eine *Sprache* und eine *Region* zu wählen. Anschließend müssen Sie die Apple Watch mit Ihrem iPhone koppeln.

So wird die Apple Watch mit dem iPhone gekoppelt.

Öffnen Sie dazu auf dem iPhone die App *Watch*, und tippen Sie dort auf *Koppeln starten*, genauso wie auf der Apple Watch. Nun wird auf der Apple Watch ein Muster angezeigt, das Sie mit der Kamera des iPhone einfangen müssen. Richten Sie das iPhone so aus, dass das Muster im angezeigten Bereich erscheint. Die Apple Watch wird nun automatisch mit dem iPhone verbunden.

Als Nächstes können Sie auswählen, ob die Apple Watch als „Neu" konfiguriert oder von einem gespeicherten Backup einer alten Apple Watch wiederhergestellt werden soll. Da es Ihre erste Apple Watch ist, müssen Sie natürlich *Als neue Apple Watch konfigurieren* wählen. Danach legen Sie fest, an welchem Handgelenk Sie die Apple Watch tragen wollen. Diese Einstellung können Sie nachträglich natürlich ändern: *Einstellungen –> Allgemein –> Ausrichtung* auf der Watch bzw. *Meine Uhr –> Allgemein –> Uhrausrichtung* auf dem iPhone.

Aber wieder zurück zur Installation: Nun müssen Sie noch den Nutzungsbedingungen zustimmen.

Einige Einstellungen müssen noch vorgenommen werden.

Der nächste Schritt umfasst die Eingabe Ihrer Apple-ID. Die Apple-ID wird für viele Funktionen auf der Apple Watch verwendet, z. B. für *Digital Touch*. Sie müssen aber keine Apple-ID angeben. Scrollen Sie nach unten, und tippen Sie dazu auf *Überspringen*, ansonsten kontrollieren Sie Ihre Apple-ID und geben das Passwort ein.

Jetzt werden Sie noch darüber informiert, dass das iPhone und die Apple Watch viele Einstellungen miteinander teilen, z. B. die Ortungsdienste. Wenn

Sie die Ortungsdienste auf dem iPhone ausschalten, sind sie auch gleichzeitig für die Apple Watch deaktiviert.

Im nächsten Schritt können Sie einen Entsperrcode für die Apple Watch einstellen. Genauso wie auf dem iPhone können Sie dann die Apple Watch nur öffnen, wenn Sie zuerst den Code eingeben. Dies soll dem Schutz Ihrer Daten auf der Apple Watch dienen. Sie können aber auch mit *Code nicht hinzufügen* diesen Schritt überspringen.

> Sofern Sie einen Code verwenden möchten, sollten Sie zusätzlich prüfen, ob die **Handgelenkerkennung** aktiv ist (**Einstellungen –> Allgemein**). Denn damit wird die Uhr automatisch verriegelt, sobald Sie sie vom Handgelenk nehmen.

Als Nächstes werden Sie über den *Notruf SOS* informiert. Sie können direkt von der Apple Watch aus einen Notruf starten, wenn Sie die Seitentaste sechs Sekunden gedrückt halten. Danach können Sie die Apps auswählen, die zusätzlich auf die Apple Watch übertragen werden sollen. Diesen Arbeitsschritt können Sie aber auch zu einem späteren Zeitpunkt durchführen.

Die Apple Watch wird nun mit dem iPhone synchronisiert.

Das war's! Die eingestellten Daten werden nun vom iPhone auf die Apple Watch übertragen. Dadurch werden die beiden Geräte synchronisiert. Während

dieses Vorgangs können Sie Ihr iPhone ganz normal weiterbenutzen. Auf der Apple Watch wird der Fortschritt anhand eines gestrichelten Kreises angezeigt. Wenn die Apple Watch fertig ist, startet sie durch und Sie können das Zifferblatt sehen. Damit ist die Apple Watch einsatzbereit.

Aus Backup wiederherstellen

Wenn Sie in der Vergangenheit schon mal eine Apple Watch hatten und nun eine neue mit Ihrem iPhone nutzen wollen, dann können Sie sich die einzelnen Schritte der Installation sparen, wenn Sie die Apple Watch von einem Backup wiederherstellen. Ein Backup von der Apple Watch wird gleichzeitig mit einem Backup vom iPhone angelegt. Die Backups vom iPhone bzw. der Apple Watch können über iTunes auf einem Rechner gesichert werden oder automatisch bei iCloud.

In dem Backup der Apple Watch werden folgende Dinge gesichert:

- App-spezifische Daten und Einstellungen der Apps
- Systemeinstellungen, wie z. B. das Zifferblatt oder verwendete WLAN-Netze
- Daten zur Gesundheit und Fitness
- Sprache
- Einstellungen für Mail, Kalender, Aktien und Wetter
- Zeitzone

 Von der Apple Watch wird auch automatisch ein Backup erstellt, wenn Sie die Koppelung mit dem iPhone aufheben (siehe nächsten Abschnitt).

Damit Sie diese Sachen für die neue Apple Watch nicht manuell eingeben müssen, können Sie die Wiederherstellung mithilfe eines Backups durchführen. Zuerst müssen Sie die Apple Watch mit dem iPhone koppeln (siehe Seite 21). Nach der erfolgreichen Koppelung wählen Sie auf dem iPhone die Option *Aus Backup wiederherstellen*.

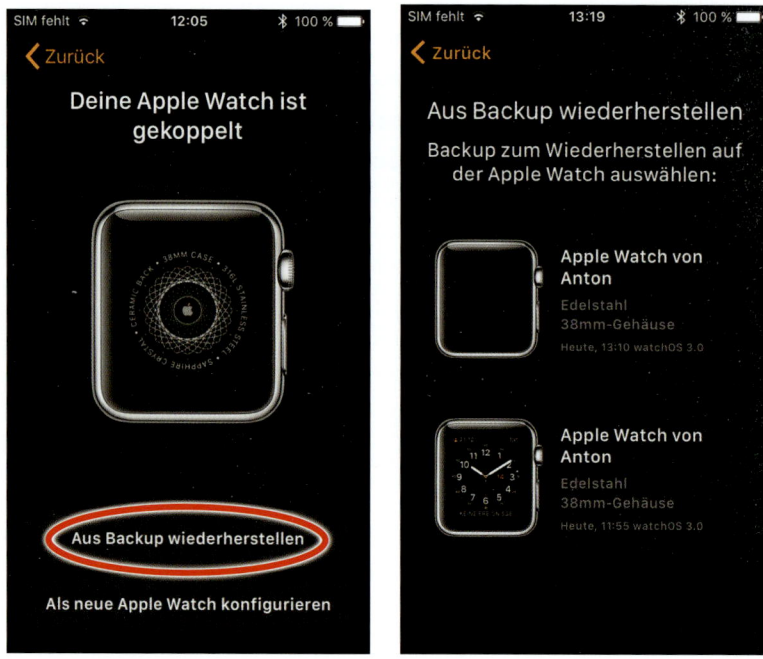

Die Apple Watch wird von einem gesicherten Backup wiederhergestellt.

Anschließend wählen Sie das Backup aus, das aufgespielt werden soll. Die nächsten Schritte sind dann die gleichen wie beim Einrichten einer komplett neuen Apple Watch (siehe Seite 20). Wenn der komplette Installationsvorgang beendet ist, hat die neue Apple Watch die gleichen Einstellungen, Apps und Zifferblätter wie Ihre bisherige Uhr.

Die Apple Watch entkoppeln

Eine Apple Watch kann auch wieder vom iPhone entkoppelt werden. Das müssen Sie tun, wenn Sie die Apple Watch mit einem anderen iPhone benutzen wollen. Eine Apple Watch kann immer nur mit einem iPhone verbunden sein, aber ein iPhone kann mit mehreren Apple Watches verknüpft sein (siehe nächsten Abschnitt).

Das Entkoppeln geht sehr schnell. Öffnen Sie auf dem iPhone die App *Watch*, und tippen Sie im Bereich *Meine Uhr* auf Ihre Uhr, die an erster Stelle steht. Danach tippen Sie auf das Info-Symbol neben der aufgelisteten Uhr. Nun können Sie die Funktion *Apple Watch entkoppeln* sehen. Wenn Sie die Funktion antippen, wird nicht nur die Verbindung zwischen iPhone und Apple Watch gelöst, sondern auch gleichzeitig ein Backup der Apple Watch auf dem iPhone angelegt.

Die Apple Watch wird in der App „Watch" auf dem iPhone entkoppelt.

Nach dem Entkoppeln wird die Apple Watch automatisch neu gestartet, und Sie müssen wieder die Sprache und die Region angeben. Anschließend kann die Apple Watch mit einem anderen iPhone verbunden werden, da Sie sie ansonsten nicht nutzen können.

Apple Watch verloren?

Da die Apple Watch mit der Apple-ID verknüpft ist, kann sie via *icloud.com* bzw. mit der App *iPhone-Suche* auf dem iPhone bzw. iPad gesucht werden.

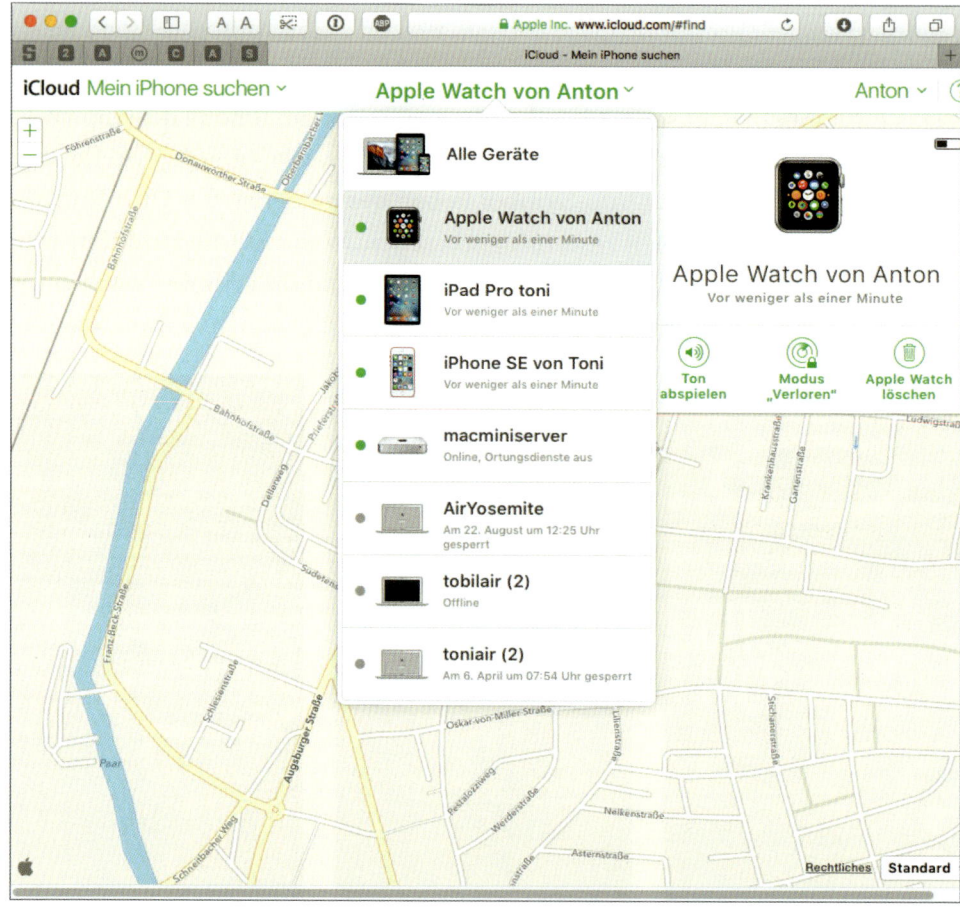

Die Apple Watch konnte geortet werden.

Nun stehen Ihnen drei Funktionen zur Verfügung: *Ton abspielen*, *Modus „Verloren"* und *Apple Watch löschen*. Bei der ersten ertönt ein Signal auf der Watch, und zwar so lange, bis Sie es auf der Watch per *Schließen* beenden. Bei der Funktion *Apple Watch löschen* wird die Apple Watch auf die Werkseinstellungen zurückgesetzt.

Abbrechen   Verloren

Sperren Sie diese Apple Watch, indem
Sie einen Code eingeben.

— — — —

1	2 ABC	3 DEF
4 GHI	5 JKL	6 MNO
7 PQRS	8 TUV	9 WXYZ
Löschen	0 +	⌫

Abbrechen   Verloren   Weiter

Geben Sie eine Telefonnummer ein,
unter der Sie erreichbar sind. Die
Nummer wird auf dieser Apple Watch
angezeigt.

Telefonnr.   017

*Wenn Sie den Modus „Verloren" wählen, wird der Apple Watch ein Code und eine
Rückrufnummer übersendet.*

> **!** Über die Watch-App im Bereich **Meine Uhr** finden Sie unter **Allgemein –> Zu-
> rücksetzen** die Funktion **Inhalte & Einstellungen der Apple Watch löschen**.
> Damit können Sie die Apple Watch zwischendurch mal komplett leer machen und
> dann frisch bespielen.

Ein iPhone und zwei oder mehr Apple Watches

Wie ich bereits kurz erläutert habe, kann man mit einem iPhone auch mehrere Apple Watches bedienen bzw. verwalten. Wozu ist das nötig? Eine Uhr – und das gilt auch für die Apple Watch – wird sehr oft als Mode-Accessoire getragen. Je nach Anlass legt man eine andere Uhr ums Handgelenk. Wenn Sie nun auch zwei Apple Watches besitzen, z. B. eine für den Sport und eine fürs Ausgehen, dann brauchen Sie nicht zwei verschiedene iPhones dafür. Ein iPhone kann problemlos mehrere Apple Watches verwalten.

Eine zweite Apple Watch ist rasch mit dem iPhone verbunden. Zuerst müssen Sie auf dem iPhone die App *Watch* öffnen. Dort finden Sie Ihre bisherige Uhr im Bereich *Meine Uhr* an erster Stelle. Tippen Sie auf die aufgelistete Uhr, und Sie erhalten die Funktion *Neue Apple Watch koppeln*. Nun müssen Sie die zweite Uhr mit dem iPhone verbinden und die Installation durchführen. Das war's!

  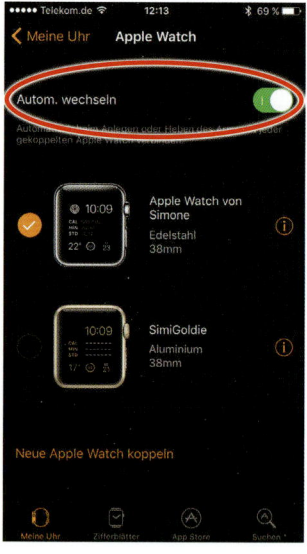

Eine zusätzliche Apple Watch lässt sich sehr schnell mit dem iPhone koppeln. Via „Autom. wechseln" nehmen Sie einfach die Uhr Ihrer Wahl. Alle Daten (z. B. Aktivitätsdaten) werden selbstverständlich sofort durchsynchronisiert.

Die App „Watch"

Auf den vorhergehenden Seiten habe ich öfter auf die App *Watch* hingewiesen, die für das Einrichten der Apple Watch verwendet wird. Diese App ist die zentrale Schnittstelle zwischen dem iPhone und der Apple Watch. In der App können sehr viele Dinge für die Apple Watch eingestellt werden. Zwar hat die Apple Watch auch eine eigene App für die Einstellungen, aber in der App Watch gibt es noch wesentlich mehr Einstellungsmöglichkeiten. Außerdem ist es meistens leichter, die Einstellungen in der App vorzunehmen als direkt auf der Apple Watch.

> **!** Die App **Watch** ist ein fester Bestandteil des iOS und kann nur genutzt werden, wenn mindestens eine Apple Watch mit dem iPhone gekoppelt ist.

Wenn Sie die App starten, sehen Sie am unteren Displayrand eine Symbolleiste mit den verschiedenen Kategorien. In der Kategorie *Meine Uhr* finden Sie die Einstellungen für die Apple Watch. Bei *Zifferblätter* können Sie die verschiedenen Zifferblätter der Uhr verwalten und bearbeiten. Die App bietet bei *App Store* auch einen eigenen Store zum Einkaufen von Apps für die Apple Watch, der unter *Suchen* eine eigene Suchfunktion bietet.

Da die Kategorie *Meine Uhr* die ganzen Einstellungen für die Apple Watch enthält, widmen wir uns zuerst den wichtigsten Funktionen in diesem Bereich.

Allgemein

Wie der Name bereits vermuten lässt, enthält der Bereich *Allgemein* einige allgemeine Einstellungen. Eine wichtige Einstellung finden Sie bei *Info* . Dort wird nicht nur angezeigt, wie viel Speicher der Apple Watch belegt ist, sondern dort können Sie auch bei *Name* den Namen der Apple Watch ändern. Der Name wird unter anderem für die Registrierung des Geräts unter Ihrer Apple-ID verwendet.

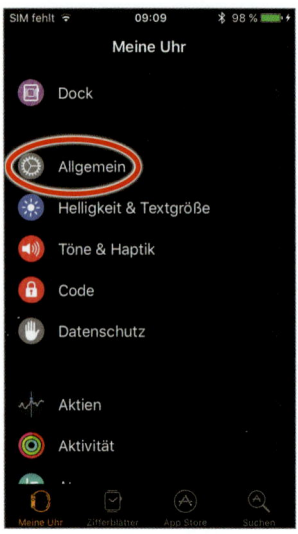  

Unter „Allgemein" können Sie auch den Namen Ihrer Apple Watch ändern.

Ein weiterer wichtiger Punkt ist *Softwareupdate* ❷. Falls es eine neue Version von watchOS, dem Betriebssystem der Apple Watch, gibt, wir dies hier angezeigt. Das Systemupdate kann dann gleich an dieser Stelle auf die Apple Watch übertragen werden.

 Wenn Sie das System der Apple Watch updaten wollen, muss die Uhr am Ladegerät angeschlossen, zu 50% geladen und das iPhone in unmittelbarer Reichweite sein.

Damit Ihre Apple Watch nicht unnötig mit Apps „zugemüllt" wird, sollten Sie die Option *Automatische App-Installation* ❸ ausschalten. Bei vielen Apps für das iPhone gibt es eine zusätzliche Version für die Apple Watch. Wenn diese Option aktiviert ist, wird beim Herunterladen einer neuen App für das iPhone auch gleichzeitig die App für die Apple Watch mitinstalliert. Um den Speicher der Apple Watch nicht unnötig zu belasten, sollte diese Option ausgeschaltet bleiben.

Unter ❹ können Sie festlegen, ob die beiden Funktionen *Flugmodus* und *Nicht stören* auf der Apple Watch gleichzeitig mit dem iPhone ein- und ausgeschaltet werden. Falls Sie auf der Apple Watch die beiden Funktionen unabhängig vom iPhone steuern wollen, dann müssen Sie die Option *iPhone spiegeln* ausschalten. Im Kontrollzentrum der Apple Watch können Sie dann die beiden Funktionen ein- und ausschalten.

Im Kontrollzentrum der Apple Watch (rechts) können der „Flugmodus" und „Nicht stören" unabhängig vom iPhone aktiviert werden.

Der nächste Punkt, *Notruf SOS* ❺, enthält die Einstellungen für die Notruffunktion der Apple Watch. Wenn die Funktion eingeschaltet ist und Sie die Seitentaste der Apple Watch circa sechs Sekunden lang drücken, können Sie einen Notruf starten. Der Notruf wird auch gleichzeitig zu Ihren Notruf-Kontakten gesendet, die Sie unter *SOS-Kontakte hinzufügen* anlegen können.

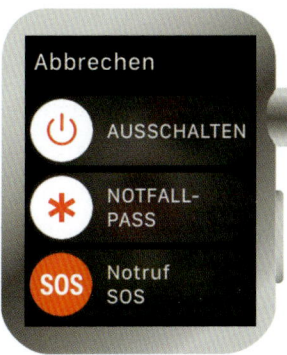

Sie können einen Notruf direkt von der Apple Watch (rechts) aus starten.

Eine weitere Einstellung, die Sie kontrollieren bzw. ändern sollten, ist *Hintergrundaktualisierung* ❻. Mit der Hintergrundaktualisierung erlauben Sie den Apps auf der Apple Watch, Daten im Hintergrund herunterzuladen, um die jeweiligen Informationen zu aktualisieren. Bei einigen Apps kann das durchaus sinnvoll sein, z. B. bei der Wetter- oder Aktien-App. Allerdings verringert die Aktualisierung die Akkuleistung der Apple Watch. Um also den Akku möglichst lange zu verwenden, sollten Sie die Hintergrundaktualisierung ausschalten.

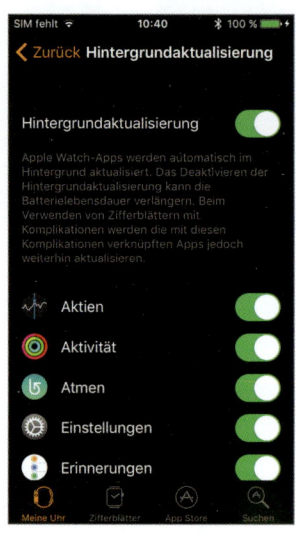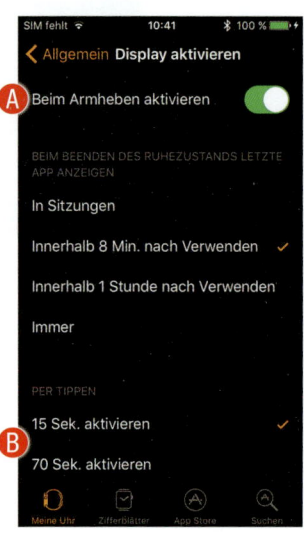

Um den Akku der Apple Watch zu schonen, sollten Sie die Einstellungen für die „Hintergrundaktualisierung" und „Display aktivieren" verändern.

Ein weiterer Punkt, der die Akkulaufzeit verlängern kann, ist *Display aktivieren* ❼. Vielleicht haben Sie schon festgestellt, dass beim Anheben des Arms das Display der Apple Watch automatisch aufwacht und nach einer bestimmten Zeit wieder einschläft. Das Aufwachen verbraucht natürlich Strom. Wenn Sie die Option *Beim Armheben aktivieren* ❹ ausschalten, dann wacht das Display nur auf, wenn Sie es antippen. Somit können Sie effektiv die Akkulaufzeit verlängern. Außerdem sollten Sie noch einstellen, nach wie vielen Sekunden das Display wieder deaktiviert wird. Sie haben die Wahl zwischen 15 und 70 Sekunden ❺. Diese Einstellung können Sie auch direkt auf der Apple Watch vornehmen. Dazu müssen Sie dort nur die App *Einstellungen* öffnen und anschließend den Bereich *Allgemein —> Display aktivieren* anwählen.

Weckermodus

Interessant ist auch die Funktion *Weckermodus* ❽. Damit lässt sich die Apple Watch wie ein normaler Wecker auf das Nachtkästchen stellen. Dazu muss die Uhr während des Ladens auf der Seite liegen, mit der Krone und der Seitentaste nach oben. Im Weckermodus zeigt die Apple Watch bei der kleinsten Erschütterung bzw. beim Antippen des Displays die Uhrzeit an, die dann nach wenigen Sekunden wieder ausgeblendet wird. Falls Sie die Apple Watch öfter als Wecker nutzen wollen, empfehle ich Ihnen, ein gesondertes Dock zu kaufen, das einen besseren Stand für die Uhr bietet. Wie Sie die *Wecker*-App verwenden, können Sie in Kapitel 5 nachlesen.

Für die häufige Nutzung des „Weckermodus" empfiehlt es sich, ein Ladedock zu kaufen. Drücken Sie die Seitentaste, um den Wecker auszuschalten bzw. die digitale Krone, um noch ein wenig zu schlummern (nämlich neun weitere Minuten). (Foto: Apple)

Apps installieren, löschen, anordnen und aktualisieren

Wie kommt eine App auf die Apple Watch? Natürlich mithilfe der App *Watch*. Im Bereich *Meine Uhr* sehen Sie im unteren Bereich alle Apps aufgelistet, die auf Ihrem iPhone installiert sind und auch auf der Apple Watch genutzt werden können. Die Installation auf der Apple Watch ist sehr einfach.

Tippen Sie auf die App, die installiert werden soll, und aktivieren Sie anschließend die Option *App auf Apple Watch anzeigen*. Die Installation wird damit sofort eingeleitet. Nach kurzer Zeit ist die App auf der Apple Watch verfügbar und kann genutzt werden.

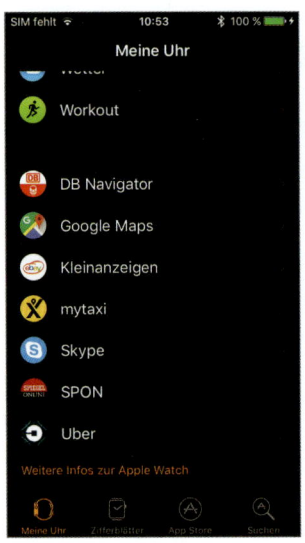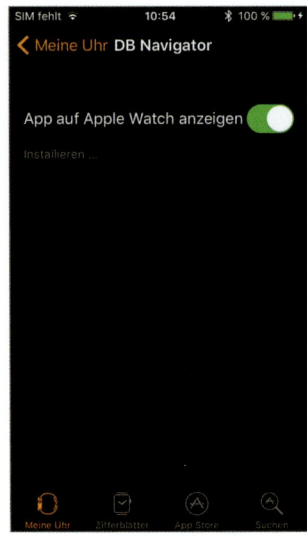

Eine App ist sehr schnell auf der Apple Watch installiert.

Um eine App von der Apple Watch zu entfernen, gibt es zwei Möglichkeiten: Sie können entweder den Regler *App auf Apple Watch anzeigen* wieder ausschalten oder die App direkt auf der Apple Watch löschen. Die Vorgehensweise ist die gleiche wie auf dem iPhone. Sie müssen den *Wackelmodus* aktivieren, indem Sie den Finger etwas länger auf dem App-Symbol halten. Im Wackelmodus können Sie dann mit dem kleinen x-Symbol die App von der Apple Watch wieder entfernen.

Eine App kann über das iPhone (links) oder direkt auf der Apple Watch (rechts) wieder deinstalliert werden.

Sie können nur die Apps löschen, die Sie im App Store erworben und installiert haben. Die Standard-Apps, z. B. „Musik" oder „Wallet", lassen sich nicht löschen. Wird eine App auf dem iPhone gelöscht, so verschwindet auch die dazugehörige Apple-Watch-App samt Komplikationen etc.

Bei der Installation einer App auf der Apple Watch wird diese im Hauptbildschirm scheinbar wahllos platziert. Je mehr Apps Sie installieren, desto unübersichtlicher wird der Hauptbildschirm. Aus diesem Grund können Sie die Anordnung der Apps auf dem Hauptbildschirm der Apple Watch verändern. Sie können dies entweder direkt auf der Apple Watch im *Wackelmodus* tun oder viel bequemer in der App *Watch* auf dem iPhone.

Wenn Sie in der Watch-App den Bereich *App-Layout* öffnen, sehen Sie ein Abbild des aktuellen Hauptbildschirms Ihrer Apple Watch. Dort können Sie nun die App-Symbole mit dem Finger an eine beliebige Position verschieben. Das veränderte App-Layout wird sofort auf die Apple-Watch übertragen.

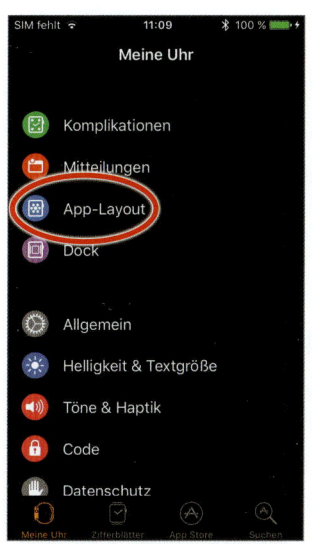  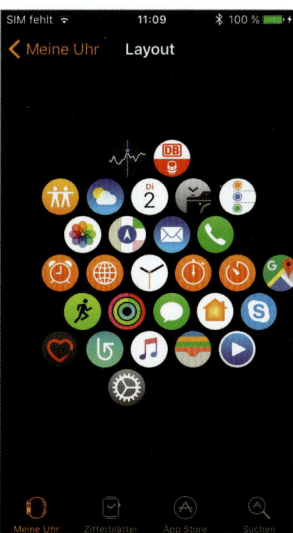

Bei „App Layout" können Sie die Anordnung der App-Symbole im Hauptbildschirm der Apple Watch verändern. Via „Meine Uhr –> Allgemein –> Zurücksetzen" können Sie das Home-Bildschirmlayout zuücksetzen.

 Im **App Store** auf dem iPhone werden im Bereich **Updates** die verfügbaren Aktualisierungen aufgelistet. Wenn Sie nun die Updates der iPhone-Apps installieren, wird auch automatisch die dazugehörige App für die Apple Watch mitinstalliert. Sie müssen sich also nicht extra darum kümmern.

Das Dock

Seit watchOS 3 besitzt die Apple Watch ein *Dock*. Das Dock hat die gleiche Funktion wie auf einem Mac. Im Dock können Sie maximal zehn Apps ablegen, um diese dann sehr schnell zu öffnen bzw. anzuspringen. Das Dock wird auf der Apple Watch geöffnet, wenn Sie die *Seitentaste* einmal drücken.

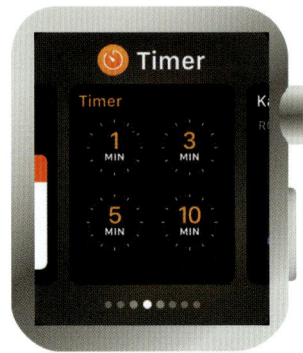

Das „Dock" auf der Apple Watch: Die Anzahl der Pünktchen gibt Auskunft darüber, wie viele Apps im Dock abgelegt sind.

Das Dock enthält eine Auswahl von Apps, die Sie noch anpassen können. Das Dock kann entweder direkt auf der Apple Watch oder auf dem iPhone in der Watch-App konfiguriert werden. Etwas bequemer geht es natürlich mit dem iPhone.

In der Watch-App auf dem iPhone müssen Sie den Bereich *Dock* öffnen. Dort sind alle Apps aufgelistet, die momentan auf der Apple Watch installiert sind. Der obere Bereich ❶ enthält die Apps, die permanent im Dock eingeblendet sind. Darunter bei *Nicht anzeigen* ❷ sind alle anderen Apps aufgelistet. Wenn Sie rechts oben auf *Bearbeiten* ❸ tippen, können Sie weitere Apps ins Dock aufnehmen ❹ oder auch wieder aus dem Dock entfernen ❺. Sie können auch die Reihenfolge innerhalb des Docks ändern, wenn Sie die Apps an den drei Strichen ❻ nehmen und an eine andere Position verschieben. Sind Sie mit dem Dock zufrieden, tippen Sie rechts oben auf *Fertig* ❼, um die neue Konfiguration auf die Apple Watch zu übertragen.

 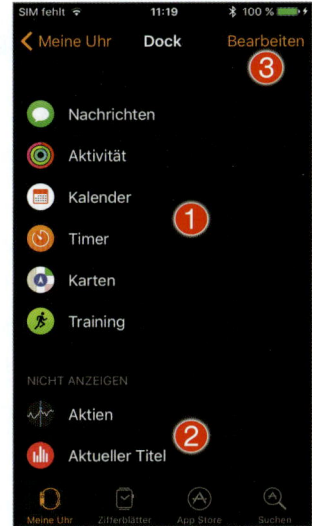 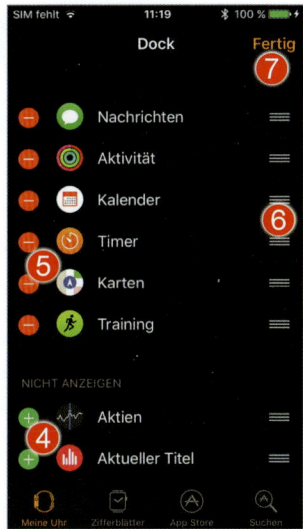

Das „Dock" kann über das iPhone konfiguriert werden.

Falls Sie es doch vorziehen, das Dock direkt auf der Apple Watch zu verändern, dann müssen Sie es zuerst öffnen. Um eine App aus dem Dock zu entfernen, verschieben Sie sie nach oben. Dadurch wird die Funktion *Entfernen* sichtbar. Um eine App permanent ins Dock aufzunehmen, muss diese gestartet werden. Danach öffnen Sie das Dock und scrollen nach rechts bis zu dem Punkt *Zuletzt benutzt*. Dort ist stets eine App aufgelistet, und zwar die, die zuletzt verwendet wurde. Nach circa zwei Sekunden wird unterhalb der App die Option *Immer im Dock* sichtbar. Damit können Sie nun die angezeigte App ins Dock aufnehmen.

Das „Dock" lässt sich auch direkt auf der Apple Watch bearbeiten.

 Um innerhalb der Dock-Apps zu scrollen, schieben Sie den Bildschirm nach rechts oder links oder verwenden die Krone. Noch schneller geht's, wenn Sie mit dem Finger unten auf den Pünktchen nach rechts oder links wischen.

Einstellungen der Apps

Neben den globalen Einstellungen für die Apple Watch gibt es in der Watch-App auch noch Einstellungen für die jeweiligen Apps. Bei der *Wetter*-App können Sie z. B. festlegen, von welcher Stadt das Wetter auf der Apple Watch angezeigt werden soll; Vergleichbares gilt für die *Aktien*-App. Bei den meisten Apps ist *Mein iPhone spiegeln* voreingestellt. Das bedeutet, die jeweilige App zeigt auf der Apple Watch das Gleiche an wie auf dem iPhone. Wenn Sie diese Option allerdings ausschalten, können Sie Einstellungen speziell für die Apple Watch konfigurieren. Dazu müssen Sie nur auf die gewünschte App im Bereich *Meine Uhr* tippen und den Schalter umlegen.

Die Einstellungen der Apps, z. B. „Kontakte", können vom iPhone übernommen (links) oder individuell angepasst werden (rechts).

Andere Apps wiederum, wie z. B. *Aktien* und *Wetter*, haben spezifische Einstellungen. Diese bieten eine Einstellung für die Anzeige der Zifferblattkomplikation. Wenn Sie z. B. die Komplikation für die Aktien in Ihr Zifferblatt aufgenommen haben, wird immer nur der Kurs einer Aktie angezeigt. Welche Aktie dies sein soll, regeln Sie in den App-Einstellungen.

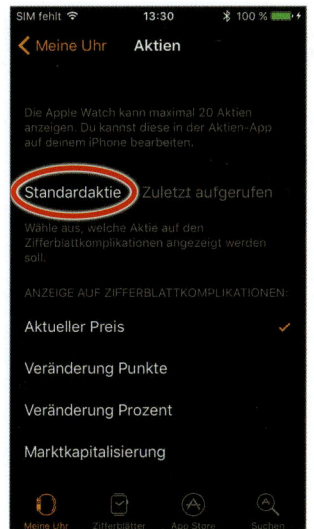
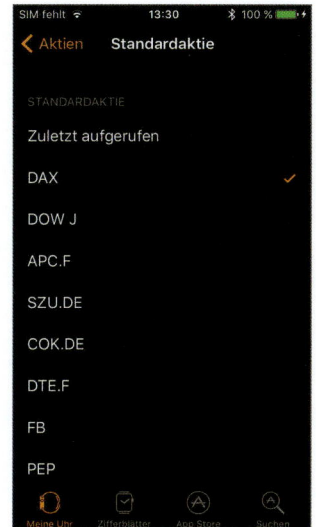

Die Standardanzeige für die Komplikationen wird in den jeweiligen App-Einstellungen festgelegt, z. B. bei „Aktien" (links und Mitte) oder bei „Wetter" (rechts).

Zifferblätter

Einer der großen Vorteile der Apple Watch ist die Tatsache, dass Sie das Zifferblatt der Uhr verändern bzw. wechseln können. Die Apple Watch wird mit einer ganzen Reihe von Zifferblättern geliefert, und für jeden Geschmack sollte etwas dabei sein. In der *Watch*-App gibt es einen eigenen Bereich für die Zifferblätter. Dort können Sie sich nicht nur eines aussuchen, sondern es auch direkt bearbeiten.

Der Bereich *Zifferblätter* in der Watch-App enthält eine Galerie mit vielen verschiedenen Zifferblatt-Konfigurationen. Wenn Sie eine der Konfigurationen auf Ihrer Apple Watch verwenden wollen, öffnen Sie sie. Nun können Sie im unteren Bereich das Zifferblatt einstellen. Je nach gewähltem Zifferblatt haben Sie mehr oder weniger Einstellungsmöglichkeiten. Was aber bei fast allen Zifferblättern eingestellt werden kann, ist die *Farbe*. Außerdem sind in sehr viele Zifferblätter *Komplikationen* integriert. Komplikationen sind Apps im Miniformat, die im Zifferblatt angezeigt werden können. Näheres dazu lesen Sie in Kapitel 4 ab Seite 61.

  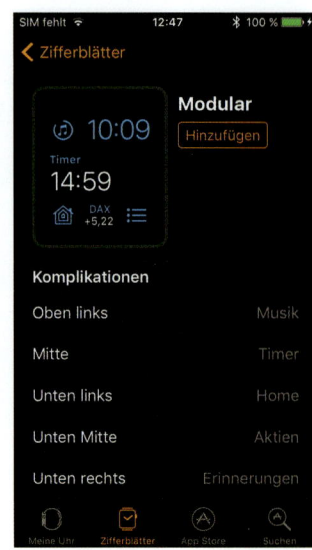

In der Zifferblatt-Galerie können Sie eine der vorhandenen Konfigurationen bearbeiten und dann auf der Apple Watch verwenden.

Wenn Sie das Zifferblatt nach Ihren Wünschen eingestellt haben, tippen Sie rechts oben auf *Hinzufügen*. Damit wird das Zifferblatt zu Ihrer Sammlung hinzugefügt und sofort auf der Apple Watch angezeigt. Ihre eigene Sammlung finden Sie bei *Meine Uhr* im oberen Bereich unter *Meine Zifferblätter*.

  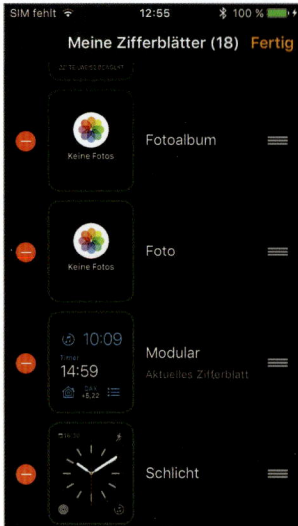

Die eigene Sammlung der Zifferblätter befindet sich unter „Meine Uhr".

Wenn Sie aus Ihrer Sammlung ein Zifferblatt antippen ❶, können Sie die Einstellungen ändern und mit *Als aktuelles Zifferblatt konfigurieren* ❸ auf die Apple Watch übertragen. Die Anordnung der Zifferblätter innerhalb der Sammlung können Sie bei *Bearbeiten* ❷ ändern. Dort lassen sich die Zifferblätter auch wieder entfernen.

> **!** Die Zifferblätter aus Ihrer Sammlung können direkt auf der Apple Watch ausgewählt werden. Dazu müssen Sie nur mit dem Finger auf der Apple Watch nach links oder rechts wischen. Durch die Wischbewegung wechselt die Anzeige zum nächsten Zifferblatt innerhalb der Sammlung.

Durch einfaches Wischen nach links oder rechts können Sie das Zifferblatt direkt auf der Apple Watch austauschen.

Die Zifferblätter können auch auf der Apple Watch konfiguriert werden. Dazu müssen Sie nur etwas stärker auf das Display drücken, um den Force Touch auszulösen. Anschließend tippen Sie auf *Anpassen*, um das aktuelle Zifferblatt zu verändern.

Ein Zifferblatt lässt sich auch direkt auf der Apple Watch verändern.

Je nach Zifferblatt können Sie nun unterschiedliche Einstellungen vornehmen. Mit der Krone können Sie dann z. B. die Farbe justieren. Um zur nächsten Einstellung zu gelangen, müssen Sie das Zifferblatt nach links schieben. Die kleinen Punkte am oberen Displayrand zeigen Ihnen an, wie viele Einstellungen es gibt bzw. wo Sie sich gerade befinden.

In den Einstellungen der Komplikationen können Sie eine Komplikation mit dem Finger auswählen und anschließend durch Drehen an der Krone wechseln. Wenn die Einstellungen passen, drücken Sie die Krone einmal, um zur Übersicht zurück zu gelangen und die Einstellungen zu speichern. Mit einem weiteren Druck auf die Krone können Sie die Bearbeitung der Zifferblätter verlassen und das geänderte Zifferblatt verwenden.

Und selbstverständlich können Zifferblätter auf der Watch auch wieder gelöscht werden. Dazu wechseln Sie erneut über Force Touch in den *Anpassen*-Modus und schieben das Zifferblatt nach oben. Bestätigen Sie das Löschen mit *Entfernen*.

Auf der Apple Watch selbst können Zifferblätter auch wieder entfernt werden.

Wie man die Apple Watch bedient

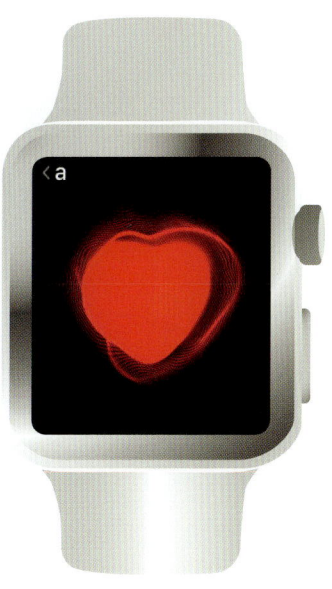

Die Bedienung bzw. Steuerung der Apple Watch ist manchmal nicht so offensichtlich, wie sie z. B. auf dem iPhone ist. Die Uhr besitzt neben dem Touch-Display mit Force Touch noch die digitale Krone und den Seitenschalter. Dabei können Sie mithilfe der digitalen Krone auf zwei verschiedene Arten eine Aktion auslösen: durch Drehen oder Drücken. In diesem Kapitel erläutere ich nicht nur die Oberfläche der Apple Watch mit ihren unterschiedlichen Gesichtern, sondern auch die Bedienung des Touch Displays und der Gehäusetasten.

Die Oberfläche

Man könnte meinen, dass die Oberfläche der Apple Watch eigentlich nicht viel zu bieten hat. Das mag auf den ersten Blick so sein, aber tatsächlich gibt es einige Dinge, die sich nicht sofort erschließen, z. B. den Force Touch oder die Komplikationen. Damit Sie Ihre Apple Watch optimal nutzen können, sollten Sie sich unbedingt mit der Oberfläche vertraut machen.

Foto: Apple

❶ An erster Stelle steht natürlich das *Touch Display*. Wie beim iPhone wird das Display durch Wischgesten bedient . Das Display hat noch eine zusätzliche Eigenschaft, den *Force Touch*. Ein Force Touch wird ausgelöst, wenn Sie etwas stärker auf das Display drücken, es also nicht nur einfach antippen, sondern wirklich drücken. Viele Funktionen können nur durch einen Force Touch erreicht werden, z. B. die Anpassung der Zifferblätter.

❷ An der Gehäuseseite sitzt die *digitale Krone*. Diese kann sowohl gedreht als auch gedrückt werden, um eine Aktion auszulösen.

❸ Die *Seitentaste* wird zum Ein- und Ausschalten und zum Öffnen des *Docks* benötigt. Wenn Sie die Seitentaste circa sechs Sekunden lang gedrückt halten, öffnet sich der Ausschaltdialog, der auch die Notruffunktion und den Notfallpass enthalten kann (siehe Kapitel 3 ab Seite 31).

Wenn Sie die Seitentaste gedrückt halten, gelangen Sie zu den Notfallfunktionen und zum Ausschalten. Den Notfallpass können Sie in der Health-App auf dem iPhone mit Daten versehen.

❹ Je nach gewähltem Zifferblatt sind auf dem Display die *Komplikationen* sichtbar. Komplikationen sind Mini-Apps, die unterschiedliche Informationen direkt im Zifferblatt anzeigen können, z. B. das Datum, den Ladezustand des Akkus oder das aktuelle Wetter. Wenn man auf eine der Komplikationen tippt, wird die dazugehörige App geöffnet. Wenn Sie also z. B. auf das Wetter tippen, öffnet sich die App *Wetter* mit den detaillierteren Wetterdaten.

Steuerung durch Gesten

Scrollen

Sie bedienen Ihre Apple Watch mithilfe von Wischgesten. Dabei macht es allerdings einen Unterschied, ob Sie z. B. nur wischen oder verschieben. Grundsätzlich benötigen Sie nur einen Finger. Wenn Sie mit dem Finger nach oben/unten bzw. links/rechts wischen, wird meistens gescrollt, wie z. B. in der Nachrichtenliste.

 ! Um nur nach oben bzw. unten zu scrollen, können Sie auch die **Krone** verwenden. Wenn Sie am Rädchen drehen, wird auch gescrollt.

Beim Verschieben halten Sie den Finger auf dem Display und verschieben den Inhalt. Damit wird z. B. die Kartenansicht verschoben oder in der App-Übersicht der Fokus auf einen anderen Bereich gelegt.

Mit den Wischgesten können Sie je nach Bedarf scrollen (links) oder eine Ansicht verschieben (rechts).

Force Touch

Wie bereits erwähnt, macht es auch einen Unterschied, ob Sie das Display nur leicht mit dem Finger antippen oder es kräftig drücken (Force Touch). Das normale Tippen wird zum Auswählen von diversen Elementen verwendet, während das kräftigere Drücken meistens Zusatzoptionen öffnet.

 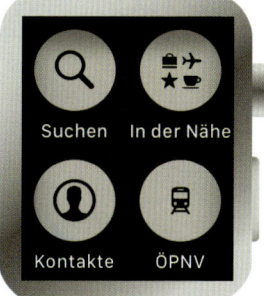 

Der „Force Touch" öffnet zusätzliche Optionen, z. B. bei „Nachrichten" (links), „Karten" (Mitte) oder „Aktivität" (rechts).

Die digitale Krone drücken

Für die digitale Krone gibt es auch noch zusätzliche Funktionen. Wenn Sie die Krone zweimal hintereinander drücken, springen Sie direkt zur zuletzt verwendeten App zurück und umgekehrt. Die Watch wechselt also damit zwischen zwei Apps hin und her.

Wenn Sie sie bei der Zifferblattansicht nur einmal drücken, wird die App-Übersicht eingeblendet. In der App-Wolke können Sie das Zifferblatt wieder öffnen, wenn Sie erneut einmal die Krone drücken.

Wenn man die Krone einmal drückt, wechselt man zwischen dem Zifferblatt (links) und der App-Wolke (rechts) hin und her.

Haben Sie aktuell eine App auf dem Display, so bringt Sie das einmalige Drücken in die App-Übersicht und schließt damit die App, die sich aber weiterhin auch im Dock aufhält und von dort aus wieder geholt werden könnte.

Bedienung mithilfe von Siri

Siri kennen Sie vielleicht schon vom iPhone, iPad, Mac oder Apple TV. Siri ist ein Sprachassistent, der Ihnen bei der Bedienung der Apple Watch behilflich sein kann. Anstatt die Funktionen manuell auszuführen, können Sie auch Siri damit beauftragen.

> **!** Um Siri nutzen zu können, benötigen Sie unbedingt ein iPhone. Wenn Sie ohne iPhone unterwegs sind, ist Siri nicht verfügbar.

Siri wird gestartet, wenn Sie circa zwei Sekunden lang die *Krone* drücken. Anschließend brauchen Sie nur Ihre Anweisung in die Apple Watch sprechen, z. B. „Stelle den Timer auf 12 Minuten" oder „Erinnere mich daran, um 16 Uhr meine Frau anzurufen". Solche und ähnliche Anweisungen können Sie Siri geben. Siri kann auch die Apps für Sie starten: „Öffne die Nachrichten" oder „Starte die Aktivitäten". Auch die Suche im Internet ist für Siri kein Problem: „Wie alt ist Angela Merkel?", „Zeige mir Bilder von Steve Jobs" etc. Bedenken Sie dabei, dass es häufig viele Ergebnisse gibt, sodass Sie mit der digitalen Krone auch nach unten blättern sollten, um nichts zu versäumen.

Siri kann Ihnen bei der Bedienung der Apple Watch behilflich sein.

> **!** Anders als auf Ihrem iPhone erhalten Sie auf der Apple Watch keine sprachliche Rückmeldung von Siri, wenn eine Aktion gestartet oder beendet wird.

Es gibt noch einen zweiten Weg, um Siri aufzurufen, und zwar mit der Funktion *Hey Siri*. Anstatt also die Krone etwas länger zu drücken, müssen Sie nur „Hey Siri" in die Apple Watch sprechen. Dies kann sehr nützlich sein, wenn Sie gerade keine Hand frei haben. Die Funktion *Hey Siri* können Sie auf der Apple Watch unter *Einstellungen –> Allgemein –> Siri* aktivieren oder in der Watch-App auf dem iPhone.

Wenn auf der Apple Watch (links) die Funktion eingeschaltet ist, dann können Sie mit dem Ausruf „Hey Siri" (rechts) den Sprachassistenten starten.

Wenn Sie noch mehr über Siri wissen wollen, dann empfehle ich Ihnen das „Siri Handbuch für iPhone, iPad, Apple TV, Apple Watch & Mac" aus dem amac-buch Verlag.

In diesem Buch finden Sie alles zum Thema „Siri".

Die verschiedenen Displaybereiche

Die Oberfläche der Apple Watch hat unterschiedliche Bereiche: das Zifferblatt, das Dock, die App-Übersicht, das Kontrollzentrum und die Mitteilungen. Diese Bereiche werden auf unterschiedliche Weise angesteuert.

Das Zifferblatt

Das Zifferblatt ist der Display-Bereich, der immer angezeigt wird, sobald Sie die Apple Watch „aufwecken". Vom Zifferblatt ausgehend erreichen Sie alle anderen Displaybereiche. Mithilfe der Krone können Sie jederzeit wieder zum Zifferblatt zurückkehren, indem Sie sie einmal bzw. zweimal drücken.

Seit watchOS 3 können Sie das Zifferblatt sehr schnell wechseln, wenn Sie es einfach nach links bzw. rechts verschieben. Damit wechseln Sie zum nächsten Zifferblatt innerhalb Ihrer Sammlung (siehe Kapitel 3 ab Seite 39).

Das Zifferblatt kann durch eine Wischgeste ganz einfach gewechselt werden.

Das Dock

Das Dock enthält Verknüpfungen zu Apps, um diese schnell öffnen zu können. Es kann direkt auf der Apple Watch oder auf dem iPhone mit der Watch-App konfiguriert werden (siehe Kapitel 3 ab Seite 36). Sie öffnen das Dock, indem Sie die *Seitentaste* drücken. Um es wieder zu schließen, können Sie entweder erneut auf die *Seitentaste* drücken, oder Sie drücken einmal auf die *Krone*. Beide Wege führen Sie wieder zurück zum Zifferblatt.

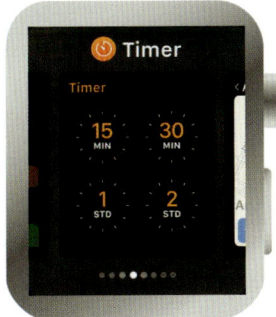

Mit dem „Dock" können Sie sehr schnell die Apps öffnen.

> **!** Beachten Sie bitte, dass Apps, die sich im Dock befinden, eigentlich gestartet sind und sich deshalb im Dock auch automatisch aktualisieren, sofern die Hintergrundaktualisierung aktiviert ist (**Watch –> Allgemein –> Hintergrundaktualisierung**). So können Sie beispielsweise die Wetter-App ins Dock legen, und ein kurzer Blick zeigt Ihnen die aktuellen Daten bereits im Dock an.

Die App-Übersicht

In der App-Übersicht werden alle Apps auf der Apple Watch in einer Art „Wolke" dargestellt. Von hier aus können Sie jede App öffnen. Die Wolke erreichen Sie, wenn Sie beim Zifferblatt die *Krone* einmal drücken. Mit dem Finger können Sie in der Wolke scrollen, und durch das Drehen der *Krone* lässt sich die App-Übersicht kleiner und größer zoomen. Die Anordnung der App-Symbole können Sie mithilfe des *Wackelmodus* direkt auf der Apple Watch ändern – oder Sie benutzen dafür die Watch-App auf dem iPhone (siehe Kapitel 3 ab Seite 33).

Mithilfe der Krone zoomen Sie die App-Übersicht kleiner oder größer.

Das Kontrollzentrum

Das Kontrollzentrum bietet einen schnellen Zugriff auf diverse Einstellungen der Apple Watch. Sie können es öffnen, wenn Sie das Zifferblatt noch oben verschieben. Das Kontrollzentrum enthält sechs Anzeigen bzw. Funktionen. Bei ❶ wird der aktuelle Ladezustand des Akkus in Prozent angezeigt. Mit der Taste ❷ wird der *Flugmodus* aktiviert und damit jegliche Art der Kommunikation (WLAN, Bluetooth) vorübergehend ausgeschaltet.

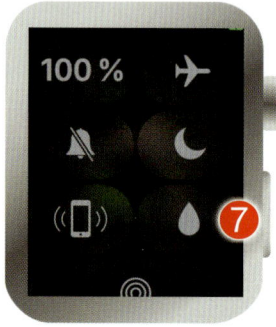

Das „Kontrollzentrum" der Apple Watch. Bei den Modellen Series 2 ist noch zusätzlich ein Tropfen abgebildet ❼.

Die Taste ❸ dient zum Stummschalten der Apple Watch, während die Taste ❹ den Modus *Nicht stören* aktiviert. Damit wird vorübergehend alles stillgelegt, z. B. *Nachrichten*, *E-Mail*, *Telefon* oder *Erinnerungen*. Sie sind nur für diejenigen Personen erreichbar, die Sie auf dem iPhone in der Watch-App bei *Allgemein –> Nicht stören* angegeben haben.

Wenn Sie mal Ihr iPhone im Haus verlegt haben, können Sie mit der Taste ❺ einen Signalton auf dem iPhone abspielen lassen, um es zu finden. Und mit der Taste ❻ können Sie für die Musikwiedergabe ein AirPlay-fähiges Gerät auswählen, das in Reichweite ist. Mit dem Wassertropfen ❼ der Series 2-Modelle bereiten Sie die Watch darauf vor, daß nun Wasser eindringen könnte. Das Display der Apple Watch wird gesperrt, was Sie an dem Wassertropfensymbol ❽ oben mittig im Display erkennen können. Drehen Sie die digitale Krone, um den Lautsprecher von Wasserrückständen zu befreien und das Display wieder zu entsperren.

 Das Kontrollzentrum können Sie wieder verlassen, wenn Sie es nach unten schieben oder einmal auf die **Krone** drücken.

Mitteilungen

Der letzte Bereich, den die Apple Watch-Oberfläche bietet, sind die Mitteilungen bzw. die Mitteilungszentrale. Diese können Sie öffnen, wenn Sie das Zifferblatt nach unten verschieben. Dort sehen Sie nun die verschiedenen Mitteilungen der unterschiedlichen Apps. Es werden z. B. Nachrichten und Kalenderereignisse angezeigt. Sogar der Empfang von neuen E-Mails kann hier aufgelistet werden.

Normalerweise werden neue Mitteilungen direkt auf der Apple Watch angezeigt. Wenn Sie aber eine Mitteilung verpasst haben, weil der Zeitpunkt gerade ungünstig war, um auf die Uhr zu sehen, ist das kein Problem. In der Mitteilungszentrale werden alle Mitteilungen, auch die verpassten, aufgelistet. Ob eine neue Mitteilung vorhanden ist, können Sie an dem roten Punkt erkennen.

Der rote Punkt (links) zeigt an, dass es eine neue Mitteilung gibt. Wenn Sie das Zifferblatt nach untern verschieben, können Sie die Mitteilungszentrale öffnen (rechts).

Mitteilungen konfigurieren

Mit der Watch-App auf dem iPhone können Sie festlegen, welche Apps ihre Mitteilungen auf der Apple Watch anzeigen dürfen und wie sie es tun dürfen. Wenn Sie bei *Meine Uhr* auf *Mitteilungen* tippen, erhalten Sie die Einstellungen dafür.

Die verschiedenen Displaybereiche

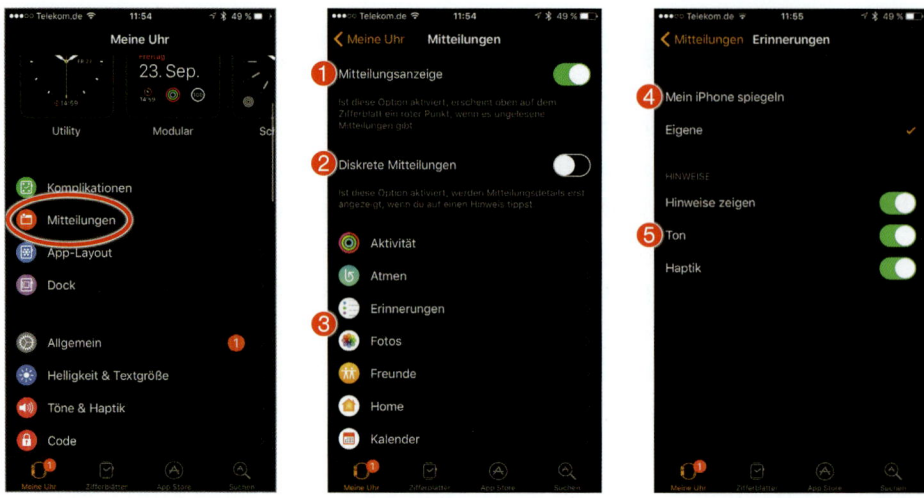

Die „Mitteilungen" werden in der Watch-App auf dem iPhone konfiguriert.

Damit der kleine rote Punkt bei verpassten Mitteilungen auf der Apple Watch erscheint, muss die Option *Mitteilungsanzeige* ❶ eingeschaltet sein. Die Option *Diskrete Mitteilungen* ❷ verhindert, dass z. B. die ersten paar Zeilen einer Nachricht in der Mitteilung angezeigt werden. Sie erhalten zwar eine Mitteilung, dass eine neue Nachricht eingegangen ist, können aber den Inhalt erst sehen, wenn Sie die Nachricht öffnen.

Im unteren Bereich ❸ sind die Apps aufgelistet, die Mitteilungen machen können. Wenn Sie eine antippen, können Sie die Einstellungen für die App ändern. Standardeinstellung ist die Option *Mein iPhone spiegeln* ❹. Damit werden die Mitteilungen genau so angezeigt wie auf dem iPhone. Wenn Sie allerdings abweichende Einstellungen wollen, dann wählen Sie *Eigene* aus. Dadurch werden direkt darunter mehrere Regler eingeblendet ❺, mit denen Sie nun festlegen können, auf welche Art und Weise eine neue Mitteilung auf der Apple Watch erscheinen soll. Die Option *Hinweise zeigen* blendet einen Hinweis auf dem Display ein, während *Ton* nur einen Signalton abspielt und *Haptik* die Apple Watch kurz vibrieren lässt. Wenn Sie alle drei Regler ausschalten, erscheinen für die App keinerlei Mitteilungen mehr auf der Apple Watch.

Mitteilungen erhalten

Wenn Sie eine neue Mitteilung von einer App erhalten, z. B. von *Nachrichten*, dann wird normalerweise der Text der Nachricht direkt in der Mitteilung angezeigt. Nun können Sie die Mitteilung entweder antippen und damit die dazugehörige App öffnen oder die Mitteilung direkt bearbeiten. Bei einer Nachricht können Sie z. B. sofort eine Antwort schicken. Die Apple Watch hat sogar vorgefertigte Antworten, die Sie auswählen können, wenn Sie weiter nach unten scrollen.

Wenn Sie eine neue Mitteilung von „Nachrichten" erhalten (links), dann können Sie direkt darauf antworten, ohne die App öffnen zu müssen.

Auch bei neuen E-Mails können Sie in der Mitteilung auf die E-Mail reagieren. Scrollen Sie nur etwas weiter nach unten, um die diversen Funktionen zu erhalten. Ein Öffnen der App *Mail* wird damit überflüssig.

Neue E-Mails können sofort in der Mitteilung bearbeitet werden.

Je nachdem, von welcher App die Mitteilung kommt, haben Sie also die Möglichkeit, sofort darauf zu reagieren. Wenn Sie das nicht tun, wandert die Mitteilung in die Mitteilungszentrale. Dort können Sie sie dann etwas später bearbeiten.

Mitteilungen löschen

Damit die Mitteilungszentrale nicht zu unübersichtlich wird, sollten Sie ab und zu die alten Mitteilungen löschen. Dafür gibt es zwei Möglichkeiten. Wenn Sie eine Mitteilung nach links verschieben, wird die Funktion *Löschen* sichtbar. Damit lassen sich einzelne Mitteilungen entfernen. Wenn Sie alle Mitteilungen in einem Rutsch löschen wollen, dann drücken Sie etwas stärker auf das Display, um einen Force Touch auszuführen. Dadurch wird nun die Funktion *Alle löschen* angezeigt.

Die Mitteilungen lassen sich einzeln (Mitte) oder alle gemeinsam (rechts) löschen.

Oberfläche anpassen

Es gibt einige Einstellungen, mit denen Sie die Oberfläche der Apple Watch an Ihre eigenen Wünsche und Bedürfnisse anpassen können. Dazu zählen die Schriftgröße, die Haptik, die Helligkeit, die Lautstärke und noch ein paar andere Dinge. Einen Teil der Einstellungen können Sie direkt auf der Apple Watch ändern, etwas leichter geht es aber über die *Watch*-App auf dem iPhone.

Helligkeit und Textgröße

Die Helligkeit des Displays und die Größe des Textes können Sie auf der Watch-App im Bereich *Helligkeit & Textgröße* ändern. Auf der Apple Watch müssen Sie dazu erst die App *Einstellungen* öffnen. Dort gibt es ebenfalls den Bereich *Helligkeit & Textgröße*.

> **!** Bitte bedenken Sie, dass eine höhere Helligkeit die Laufzeit des Akkus verringern kann, da mehr Strom für das Display benötigt wird.

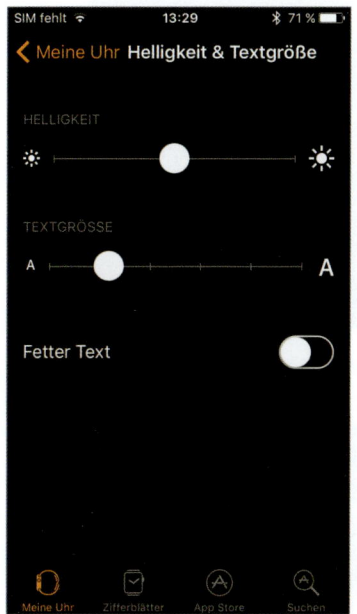  

Die Helligkeit und die Textgröße können sowohl in der Watch-App (links) als auch auf der Apple Watch (rechts) geändert werden.

Auf der Apple Watch können Sie den Helligkeitsregler verändern, wenn Sie entweder auf die jeweiligen Symbole tippen oder an der Krone drehen.

Töne und Haptik

Die Apple Watch besitzt einen kleinen Lautsprecher. Aus diesem Grund ist es sinnvoll, die Lautstärke zu justieren. Unter *Haptik* ist im Zusammenhang mit der Apple Watch das Vibrieren der Uhr zu verstehen, wenn Sie z. B. einen Force Touch ausführen oder eine neue Mitteilung erhalten. Die Lautstärke und die Haptik können Sie wieder in der Watch-App auf dem iPhone oder direkt auf der Apple Watch einstellen. Der Bereich *Töne & Haptik* befindet sich auf der Apple Watch in den *Einstellungen*.

Die Einstellungen für „Töne & Haptik" in der Watch-App …

 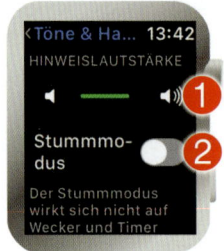 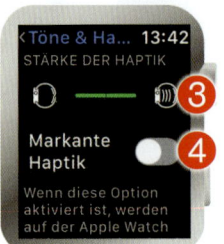 

… und in den „Einstellungen" auf der Apple Watch.

❶ Dieser Regler ist für die *Lautstärke* der Tonausgabe zuständig.

❷ Der *Stummmodus* schaltet den Lautsprecher auf stumm, mit Ausnahme des Weckers und Timers. Diese beiden Apps werden von der Stummschaltung nicht beeinflusst. Der *Stummmodus* kann auch über das *Kontrollzentrum* aktiviert werden (siehe Seite 52).

❸ Mit diesem Regler wird die *Stärke der Haptik* festgelegt. Wenn Sie nur ein sehr sanftes Vibrieren haben wollen, dann schieben Sie den Regler nach links. Während Sie den Regler verschieben, wird auf der Uhr ein haptisches Signal ausgelöst, damit Sie die genaue Stärke festlegen können.

❹ Durch die Option *Markante Haptik* wird ein zusätzlicher haptischer Impuls ausgelöst, bevor Sie andere haptische Signale erhalten. Auf diese Weise ist das haptische Signal noch intensiver.

❺ Mit der Option *Für „Ton aus" abdecken* können Sie automatisch den Stummmodus aktivieren, wenn Sie unmittelbar nach dem Erhalt einer neuen Mitteilung bzw. eines Telefonanrufs das Display mindestens drei Sekunden lang abdecken. Diese Einstellung können Sie nur in der Watch-App auf dem iPhone verändern.

❻ Die beiden Zifferblätter *Micky Maus* und *Minnie Maus* können die aktuelle Zeit ansagen, wenn Sie diese Option aktiviert haben und auf das Zifferblatt tippen. Mit einer piepsigen Stimme (sogar auf Deutsch) sagt dann Micky oder Minnie die aktuelle Zeit.

Die Zeitansage von Micky oder Minnie Maus müssen Sie unbedingt ausprobieren.

Uhrzeit einstellen

Die Uhrzeit, die auf der Apple Watch angezeigt wird, kommt aus dem Internet und wird in regelmäßigen Abständen mit dem iPhone synchronisiert. Das bedeutet, dass Sie die Uhrzeit nicht manuell einstellen müssen bzw. können. Wenn Sie allerdings die Uhr um einige Minuten vorstellen wollen, da Sie vielleicht eine Person sind, die ungern zu spät kommt, dann können Sie auf der Apple Watch unter *Einstellungen –> Uhrzeit* die Uhr um bis zu 59 Minuten vorstellen. Tippen Sie dazu auf das Feld in der Mitte, und definieren Sie, wie viele Minuten die Uhr vorgestellt werden soll. Anschließend müssen Sie noch auf *Stellen* tippen, um die Einstellung zu übernehmen.

Die Uhrzeit kann bis zu 59 Minuten vorgestellt werden.

> **!** Die eingestellte Uhrzeit gilt nur für das Zifferblatt. Hinweise, Erinnerungen und Mitteilungen werden davon nicht beeinflusst.

Zifferblätter ändern

Wie man eigene Zifferblätter anlegt und speichert, können Sie in Kapitel 3 ab Seite 39 nachlesen. Dort erfahren Sie, wie Sie das Zifferblatt wechseln und es an Ihre eigenen Wünsche und Bedürfnisse anpassen können.

Display aktivieren

Die Einstellungen dazu, wann und wie lange das Display der Apple Watch aktiviert werden soll, habe ich bereits in Kapitel 3 auf Seite 32 erläutert.

Komplikationen

Für nahezu jedes Zifferblatt können *Komplikationen* eingestellt werden. Komplikationen sind die Miniatur-Ausführungen der diversen Apps auf der Apple Watch. Sie zeigen nicht nur die wichtigsten Informationen der jeweiligen Apps an, sondern sind auch dazu gedacht, die Apps direkt zu öffnen. Wenn Sie z. B. auf das Datum im Zifferblatt tippen, wird sofort die App *Kalender* geöffnet. Oder wenn Sie den *Timer* als Komplikation im Zifferblatt haben, lässt sich die verbleibende Zeit sofort ablesen, ohne die App öffnen zu müssen.

Viele Standard-Apps der Watch können per Komplikationen in das Zifferblatt integriert werden. Aber auch Drittanbieter-Apps können Komplikationen anbieten.

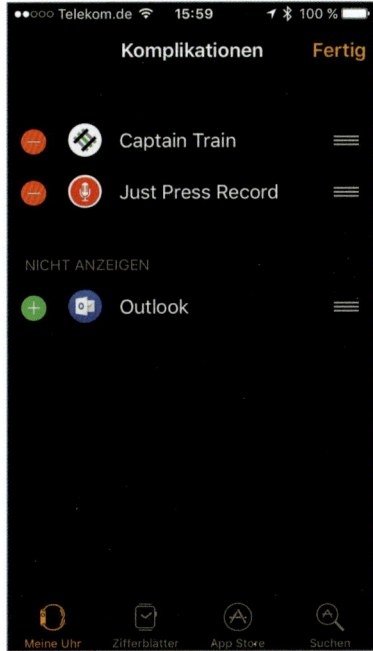

Die Watch-App auf dem iPhone kümmert sich ebenfalls um die Verwaltung der Komplikationen nachträglich installierter Apps.

Da die Komplikationen ein Bestandteil der Zifferblätter sind, werden sie auch dort festgelegt. Wenn Sie ein Zifferblatt bearbeiten (ein Force Touch auf das aktuelle Zifferblatt genügt dafür), können Sie die einzelnen reservierten Bereiche für die Komplikationen per Fingertipp auswählen und anschließend mit der Krone die Komplikation wechseln. Sobald Sie die Bearbeitung des Zifferblatts verlassen, sind die Komplikationen aktiviert und können genutzt werden.

Die Bereiche für die „Komplikationen" werden grün hervorgehoben, wenn Sie sie antippen. Anschließend können Sie mit der Krone die Komplikation wechseln.

Bedienungshilfen

Die Apple Watch hält in den *Einstellungen* bei *Allgemein –> Bedienungshilfen* noch einige Funktionen bereit, die Ihnen bei der Bedienung der Apple Watch behilflich sein können.

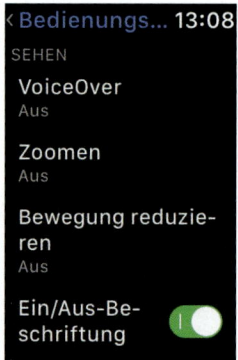

Die „Bedienungshilfen" auf der Apple Watch.

- *VoiceOver:* Dies ist die Sprachausgabe der Apple Watch. Wenn Sie diese Funktion aktivieren, können Sie sich die Anzeigen am Display vorlesen lassen. Die Objekte werden vorgelesen, sobald Sie sie antippen. Um eine Aktion auszulösen, z. B. das Öffnen einer App, müssen Sie doppelt tippen.
- *Zoomen:* Bei aktivierter Zoomfunktion lässt sich der Displayinhalt vergrößert anzeigen. Dazu müssen Sie mit zwei Fingern doppelt auf das Display tippen. Anschließend können Sie mit der Krone die Anzeige anpassen.

- *Bewegung reduzieren:* Damit lassen sich die Animationen ausschalten, die Sie beim Wechseln vom Zifferblatt zu einer App oder zur App-Übersicht erhalten. Ein positiver Effekt dabei ist, dass damit die Akkulaufzeit ein bisschen verlängert wird. Die Animationseffekte verbrauchen nämlich etwas von der Akkuleistung.

- *Ein/Aus-Beschriftung:* Damit wird bei allen Funktionen, die einen Schalter haben, eine zusätzliche Kennzeichnung für „eingeschaltet" (ein senkrechter Strich) und „ausgeschaltet" (ein Kreis) angezeigt.

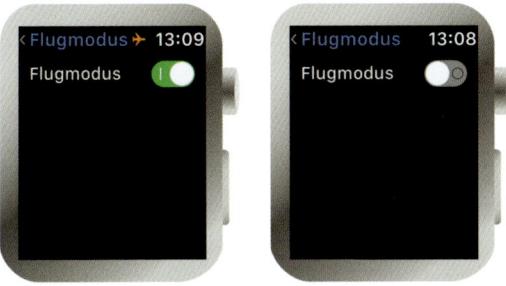

Mit der „Ein/Aus-Beschriftung" wird bei der jeweiligen Schalterstellung ein zusätzliches Symbol angezeigt.

Wenn Sie hingegen die *Bedienungshilfen* in der Watch-App auf dem iPhone ansehen, finden Sie dort noch einige weitere Optionen.

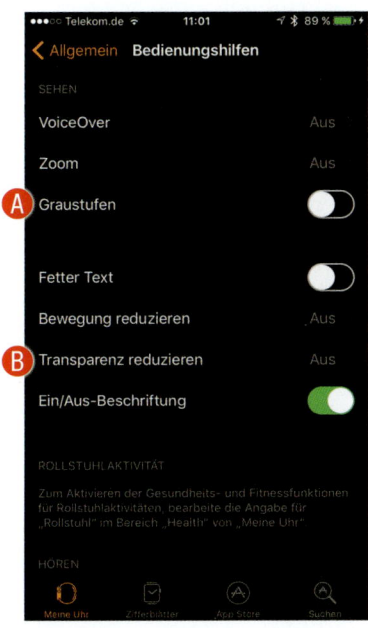

Die Bedienungshilfen auf der iPhone-App haben noch ein paar Schmankerl zu bieten.

Aktivieren Sie *Graustufen* Ⓐ oder auch *Transparenz reduzieren* Ⓑ, um die Darstellung auf der Watch zu modifizieren. Für die Audio-Ausgabe auf Bluetooth-Kopfhörern könnte noch auf Mono Ⓒ umgestellt bzw. die Balance Ⓓ angepasst werden. Weiterhin kann bei *Kurzbefehl* Ⓔ das Dreifachklicken auf die digitale Krone mit *VoiceOver* oder *Zoomen* belegt werden.

Handoff

Handoff ist eine Funktion, mit deren Hilfe Sie eine Tätigkeit, die Sie auf der Apple Watch gerade ausführen, auf dem iPad, iPhone oder Mac weiterführen können. Wenn Sie z. B. auf der Apple Watch eine Nachricht erstellen, können Sie via Handoff die Nachricht auf dem iPhone oder Mac weiterbearbeiten.

Die Voraussetzungen für Handoff sind ein aktiviertes Bluetooth auf allen Geräten und der Einsatz der gleichen Apple-ID auf allen Geräten. Außerdem muss auf allen Geräten die Handoff-Funktion eingeschaltet sein:

- Apple Watch: *Watch-App –> Meine Uhr –> Allgemein –> Handoff aktivieren*
- iPhone/iPad: *Einstellungen –> Allgemein –> Handoff*
- Mac: *Systemeinstellungen –> Allgemein –> Handoff zwischen diesem Mac und Ihren iCloud-Geräten erlauben*

Sind alle Voraussetzungen gegeben, funktioniert Handoff vollautomatisch. Wenn Sie also auf der Apple Watch mit der Nachrichten-App eine neue Nachricht erstellen, erscheint z. B. auf dem Mac im Dock ganz links das Handoff-Symbol für die Apple Watch. Wenn Sie es anklicken, wird auf dem Mac das Programm *Nachrichten* gestartet und Sie können dort dann weiterarbeiten. Das Handoff-Symbol erscheint übrigens auch im Schnellwechselmenü, wenn Sie *cmd + Tab* drücken.

Mit „Handoff" können Sie die Arbeit von der Apple Watch auf den Mac verlagern.

Auf dem iPhone oder iPad erscheint das Handoff-Symbol im Sperrbildschirm
und im Multitaskingmenü.

Handoff

Handoff wird von vielen Apps unterstützt. Grundsätzlich kann man sagen, dass eine Standard-App, die es sowohl auf der Apple Watch als auch auf dem iPhone, iPad und Mac gibt, die Handoff-Funktion unterstützt. Das sind folgende Apps:

- Aktien
- Aktivität
- Kalender
- Karten
- Mail

- Musik
- Nachrichten
- Passbook bzw. Wallet
- Stoppuhr

- Telefon
- Timer
- Wetter
- Wecker
- Weltuhr

> **!** Handoff funktioniert im Zusammenhang mit der Apple Watch nur in eine Richtung: von der Apple Watch auf ein anderes Gerät, aber nicht umgekehrt. Eine E-Mail, die Sie z. B. auf dem Mac gerade erstellen, lässt sich via Handoff nicht auf der Apple Watch weiterbearbeiten. Nur das iPhone, das iPad und der Mac können in beide Richtungen kommunizieren.

Codesperre

Für die Apple Watch kann auch eine Codesperre aktiviert werden. Dadurch können Sie verhindern, dass jemand die Daten Ihrer Apple Watch einsehen kann, wenn Sie die Uhr verloren haben oder sie gestohlen wurde. Die Codesperre kann entweder in der Watch-App auf dem iPhone oder wieder direkt auf der Apple Watch aktiviert bzw. deaktiviert werden.

> **!** Der Sperrcode auf der Apple Watch hat keinen Einfluss auf die Zifferblattanzeige. Zum Anzeigen des Zifferblatts und somit der aktuellen Uhrzeit wird kein Entsperrcode benötigt. Erst wenn Sie eine App öffnen oder sonstige Aktionen durchführen wollen, wird der Code benötigt.

Die Codesperre schützt die Daten Ihrer Apple Watch vor unbefugtem Zugriff.

❶ Zuerst müssen Sie den *Code aktivieren* und anschließend auf der Apple Watch vorerst einen vierstelligen Code vergeben. Erst danach werden die darunterliegenden Optionen verfügbar. An dieser Stelle lässt sich der Code auch wieder deaktivieren.

❷ Mit *Code ändern* können Sie nachträglich einen anderen Entsperrcode definieren.

Codesperre

❸ Normalerweise wird ein vierstelliger Code für die Sperre verwendet. Wenn Sie die Option *Einfacher Code* ausschalten, können Sie auch einen längeren Zahlencode angeben.

❹ Falls Sie die Apple Watch gleichzeitig mit Ihrem iPhone entsperren wollen, dann aktivieren Sie die Option *Mit iPhone entsperren*. Da das iPhone ab der Version 5s über einen Fingerabdrucksensor verfügt, können Sie somit per Fingerabdruck auch die Apple Watch entsperren.

❺ Durch die Option *Daten löschen* werden alle Informationen auf der Apple Watch automatisch gelöscht, wenn zehnmal der falsche Code eingegeben wurde.

> **!** Falls Sie einmal den Code für die Apple Watch vergessen, dann öffnen Sie die Watch-App auf dem iPhone und entkoppeln die Uhr. Danach müssen Sie sie wieder mit dem iPhone koppeln und können dabei einen neuen Code vergeben.

Gangreserve

Da die Apple Watch keinen großen Akku besitzt, kann es schon mal passieren, dass plötzlich die Akkuleistung zur Neige geht. Die Apple Watch hat aber eine Art Notreserve, die *Gangreserve*. Wenn die Gangreserve aktiviert ist, beschränkt sich die Apple Watch nur noch auf die Anzeige der aktuellen Uhrzeit. Das Zifferblatt mit den Komplikationen und alle anderen Funktionen und Sensoren sind bei aktivierter Gangreserve ausgeschaltet.

Die Gangreserve wird automatisch aktiviert, wenn der Akku der Uhr fast erschöpft ist. Sie können sie aber auch über das *Kontrollzentrum* manuell einschalten. Wenn Sie dort auf die Anzeige des Ladezustands tippen, erhalten Sie einen Schalter, um die Gangreserve einzuschalten.

Die „Gangreserve" wird über das Kontrollzentrum erreicht.

 Um die Gangreserve wieder zu beenden, müssen Sie nur die Seitentaste für circa sechs Sekunden gedrückt halten. Anschließend startet die Apple Watch neu und erscheint wieder im regulären Betriebsmodus.

Wenn Sie wissen wollen, wie lange die Gangreserve die Apple Watch noch am Laufen halten kann, öffnen Sie auf dem iPhone die Watch-App und wechseln zu *Allgemein –> Benutzung*. Dort wird im unteren Bereich die ungefähre Laufzeit mit Gangreserve angezeigt.

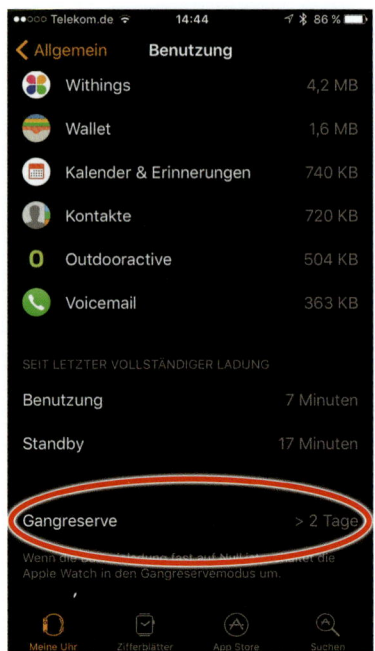

Die Apple Watch hält mit der Gangreserve noch mehrere Tage durch.

Bildschirmfoto

Wenn Sie in der Watch-App auf dem iPhone diese Funktion aktiviert haben (*Meine Uhr –> Allgemein –> Bildschirmfotos aktivieren*), dann können Sie durch gleichzeitiges kurzes Gedrückthalten der Krone und der Seitentaste ein Bildschirmfoto der Watch schießen. Dieses wird natürlich in die Fotos-App übertragen, und ist das iPhone in der Nähe, wird das Foto ebenso auf dem iPhone in der gleichnamigen App abgelegt.

Kapitel 5 Die Apps

Die Apps

Auf Ihrer Apple Watch ist bereits eine Vielzahl von Apps vorhanden. Einige davon verwendet man täglich, während andere nur ab und zu gebraucht werden. In diesem Kapitel erfahren Sie mehr über die wichtigsten Apps – nicht nur, wie man sie nutzt, sondern auch, wie man sie verwaltet und installiert.

Grundlagen

Bevor wir uns den einzelnen Apps und ihren Funktionen widmen, sollten Sie sich mit einigen grundsätzlichen Dingen im Zusammenhang mit den Apps beschäftigen. Dazu gehören das Öffnen und Schließen, die Installation, das Löschen und das Aktualisieren der Apps.

Alle Informationen bezüglich Installation, Deinstallation und Anordnung der Apps in der App-Wolke finden Sie bereits in Kapitel 3.

Starten, schließen und wechseln

Eine App wird gestartet bzw. geöffnet, wenn Sie sie in der App-Übersicht antippen. Nach wenigen Sekunden ist die App geöffnet und bereit. Wirklich beenden kann man eine App auf der Apple Watch nicht, man kann nur zu einer anderen App oder zum Zifferblatt wechseln. Dabei kommt die *Krone* mit folgenden Kombinationen zum Einsatz:

- *Einmal drücken:* Damit wechseln Sie von jeder App aus – auch vom Zifferblatt – zur App-Übersicht.
- *Zweimal drücken:* Durch doppeltes Drücken wechseln Sie zwischen den beiden zuletzt verwendeten Apps hin und her. Wenn Sie also z. B. die *Stoppuhr* geöffnet haben und danach die *Aktivität* öffnen, können Sie durch zweimaliges Drücken der Krone zwischen diesen beiden Apps hin- und herwechseln.
- *Einmal in der App-Übersicht drücken:* Wenn Sie die App-Übersicht geöffnet haben und die Krone dann einmal drücken, wird das Zifferblatt bzw. die Uhr geöffnet.

Eine App kann auch noch auf andere Weise geöffnet werden, nämlich über das *Dock*. Im Dock können Sie häufig benutzte Apps permanent ablegen und sehr schnell wieder aufrufen. Eine nähere Beschreibung des Docks und seine

Funktionen finden Sie in Kapitel 3 ab Seite 36. Auch über Siri können Apps gestartet werden (siehe Kapitel 4 ab Seite 48).

Welche App ist im Vordergrund? Alles Einstellungssache!

Wenn nun Apps nur geschlossen und nicht beendet werden, welche App erscheint dann eigentlich im Display, sobald ich den Arm hebe bzw. das Display aktiviere? „Die zuletzt verwendete App" scheint die logischste Antwort zu sein. Nun – das muss nicht immer sinnvoll sein. Sie haben beispielsweise kurz das Wetter oder Ihre Aktien überprüft. Wenige Minuten später hat sich wohl kaum Dramatisches geändert, deshalb wäre es praktisch, nun wieder das Zifferblatt mit der Uhrzeit etc. zu sehen.

Sie ahnen es bereits – es kann schlichtweg konfiguriert werden, wie sich die Apple Watch hier verhalten soll.

  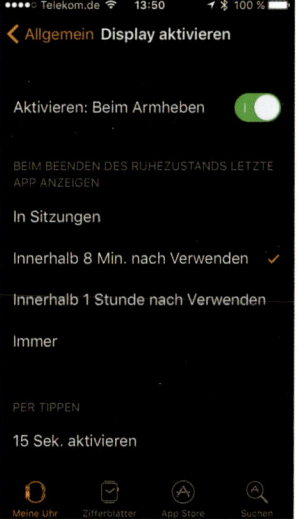

Die Watch-App auf dem iPhone im Bereich „Meine Uhr –> Allgemein –> Display aktivieren".

Wenn Sie *Immer* verwenden, kommt stets die zuletzt verwendete App aufs Display. Wählen Sie *Innerhalb x nach Verwenden*, dann wird eben nach diesem Zeitintervall von der App zum Zifferblatt zurückgewechselt. Bei *In Sitzungen* wird beim nächsten Mal wieder das eingestellte Zifferblatt statt der App dargestellt. Ausnahmen hiervon sind Apps wie *Karten*, *Remote*, *Timer* etc., wie auch auf dem Screenshot zu lesen ist.

Was soll man nun einstellen? Ich bevorzuge die Konfiguration *Innerhalb 8 Min. nach Verwenden*. Wenn ich also binnen 8 Minuten das Display aktiviere, erscheint nochmals die derzeit aktive App. Ist die Zeit vergangen, wird wieder auf das Zifferblatt gewechselt.

Bitte fragen Sie mich nicht, warum es nur die Wahlmöglichkeit 8 Min. oder 1 Stunde gibt ...

Eine App „gewaltsam" beenden

Es kann bisweilen auch mal vorkommen, dass eine App nicht mehr das tut, wofür sie eigentlich da ist. Um nun eine App aus dem Speicher zu entfernen, gehen Sie wie folgt vor:

- *Seitentaste drücken:* Sie haben die App auf dem Bildschirm und drücken nun die Seitentaste, bis die Funktionen *Ausschalten* und *SOS* erscheinen.
- *Digitale Krone drücken:* Drücken Sie nun einmal die digitale Krone, um die App aus dem Speicher zu entfernen. Hernach kann die App wieder ganz „normal" gestartet werden.

> **!** Möchten Sie die Apple Watch komplett neu starten, weil sie „hängt", dann halten Sie die Seitentaste und die digitale Krone für einige Sekunden gemeinsam gedrückt, bis das Apple-Logo auf dem Display erscheint.

Nachdem Sie nun die Grundlagen für die App-Bedienung kennen, wird es Zeit, Ihnen die wichtigsten Standard-Apps der Apple Watch zu zeigen.

Karten

Die App *Karten* kann nicht nur Ihren aktuellen Standort anzeigen, sondern bietet auch eine Navigation. Das ist besonders hilfreich, wenn Sie in einer fremden Stadt zu Fuß unterwegs sind und eine bestimmte Adresse ansteuern wollen. Wenn Sie die Karten-App starten, sehen Sie zuerst eine Liste mit Funktionen.

> **!** Obwohl die Apple Watch Series 2 über GPS verfügt, kann diese Uhr nicht ohne ein iPhone „ordentlich" navigieren, denn es benötigt wie auch die Series 1 ein iPhone zum Starten einer Routenführung. Zudem kann nur das iPhone eine Routenänderung aktiv neu berechnen und der Watch die Richtungsanweisungen durchgeben, weil es über einen Internetzugang verfügt. Rein theoretisch könnten Sie unter Zuhilfenahme des iPhones eine Route an der Watch starten und dann losfahren. Allerdings dürfen Sie sich dann nicht verfahren, denn sonst kann Ihnen die Watch ohne iPhone und damit ohne Internet nicht mehr weiterhelfen.

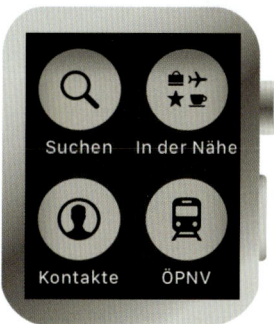

Die App „Karten" kann Ihnen beim Navigieren behilflich sein. Viele Funktionen sind auch über Force Touch verfügbar.

Wenn Sie eine schnelle Routenführung zu den Zielen *Privat* (nach Hause) oder *Arbeit* ❶ haben wollen, tippen Sie auf das jeweilige Symbol. Als Zieladressen werden die jeweiligen Daten herangezogen, die unter Ihrem Namen bei den *Kontakten* hinterlegt sind.

Suchen und Navigieren

Wenn Sie einen Ort finden und eine Navigation dorthin starten wollen, verwenden Sie *Suchen* . Allerdings hat die Apple Watch keine Tastatur – wie können Sie also einen Suchbegriff eingeben? Ganz einfach, Sie diktieren ihn. Mithilfe der Spracherkennung müssen Sie den Suchbegriff einfach nur aussprechen. Tippen Sie also auf *Diktieren*, und nennen Sie anschließend den Zielort.

> ! Oder erledigen Sie die Anfrage gleich komplett über Siri, z. B. mit: „Wo ist die nächste Tankstelle?"

Der Suchbegriff wird einfach nur diktiert.

Je nach Zielort erhalten Sie dann eines oder mehrere Suchergebnisse. Wenn Sie ein Suchergebnis antippen, können Sie eine Routenführung zu diesem Ort starten. Dabei können Sie für die Berechnung der Route zwischen verschiedenen Beförderungsmitteln auswählen, wenn Sie etwas weiter nach unten scrollen. Sobald Sie ein Beförderungsmittel ausgewählt haben, wird die genaue Streckenführung auf einer Karte angezeigt. Jetzt müssen Sie nur auf *Start* tippen, um die Routenführung zu starten. Auf der Apple Watch werden dann die Abbiegehinweise eingeblendet.

Sie können sofort eine Route berechnen lassen, wenn Sie das Beförderungsmittel ausgewählt haben. MIt der digitalen Krone können Sie bequem die Routenführung durchscrollen (ganz rechts).

 Wenn Sie die Routenführung beenden wollen, dann drücken Sie etwas stärker auf das Display, um einen Force Touch auszulösen. Damit wird die Funktion **Route beenden** eingeblendet.

Die Apple Watch bietet noch eine kleine Besonderheit. Damit Sie nicht jedes Mal auf die Uhr sehen müssen, um zu wissen, wann es Zeit ist, abzubiegen, können Sie zusätzlich ein haptisches Signal ausführen lassen. In der Watch-App auf dem iPhone gibt es bei *Karten* die Option *Abbiegungshinweise*. Wenn Sie diese Option einschalten, erhalten Sie unterschiedliche haptische Signale für das Links- und Rechtsabbiegen. Schon nach kurzer Zeit werden Sie anhand des Signals wissen, wann Sie links bzw. rechts abbiegen sollen.

Die „Abbiegungshinweise" sind haptische Signale, die Ihnen während der Routenführung einen Hinweis zum Abbiegen geben.

Mein Standort

Wenn Sie wissen wollen, wo Sie sich gerade befinden, dann tippen Sie in der Karten-App auf *Mein Standort* ❸. In einer Kartenübersicht wird Ihr Standort durch einen pulsierenden blauen Punkt dargestellt. Mithilfe der *Krone* können Sie näher heran- bzw. weiter wegzoomen. Und mit dem Finger können Sie den Kartenausschnitt verschieben.

Der aktuelle Standort wird durch den blauen Punkt markiert.

Neben der Anzeige des eigenen Standorts können Sie auch eine Markierung (Stecknadel) auf der Karte setzen. Diese Markierung können Sie dann zur Berechnung einer Route verwenden. Eine Markierung wird erstellt, wenn Sie mit dem Finger auf die Karte tippen. Von oben fällt eine farbige Stecknadel herunter und markiert damit einen bestimmten Standort. Anschließend können Sie gleich eine neue Routenführung zu diesem Standort berechnen lassen bzw. starten.

 Wenn Sie etwas weiter nach unten scrollen, finden Sie die Funktion **Marker entfernen**, um die Stecknadel von der Karte zu löschen.

Wenn eine Markierung gesetzt wird (links), kann sofort eine neue Routenführung dorthin gestartet werden.

Es gibt noch eine weitere interessante Funktion innerhalb der Karte. Auf der Karte werden auch sogenannte POI mit unterschiedlichen Symbolen angezeigt. Die Abkürzung steht für „Point of Interest" und kennzeichnet besondere Orte, wie Sehenswürdigkeiten, Ämter, Tankstellen oder Restaurants. Wenn Sie auf eines der Symbole tippen, können Sie weitere Informationen über diesen „besonderen" Ort öffnen. In den Informationen werden z. B. die Öffnungszeiten angezeigt und eventuell sogar eine Telefonnummer, die Sie direkt anrufen können, wenn Sie sie antippen.

Die Informationen über einen „interessanten" Ort.

In der Nähe

Mit der letzten Funktion, *In der Nähe* ❹, lassen sich alle POI anzeigen, die in Ihrer unmittelbaren Umgebung vorhanden sind. Dabei müssen Sie zuerst aus einer der Hauptkategorien *Essen*, *Einkaufen*, *Spaß* und *Reisen* wählen. Danach können Sie die Auswahl verfeinern, wie z. B. *Restaurant* bei *Essen* oder *Tankstellen* bei *Reisen*.

Die Apple Watch zeigt Restaurants, die es in der Nähe des aktuellen Standorts gibt.

Wenn Sie dann in der Ergebnisliste ein Suchergebnis antippen, werden die Informationen geöffnet und Sie können sofort eine neue Routenführung dorthin starten.

Wetter

In der Wetter-App werden die Wetterinformationen von ausgewählten Orten angezeigt. Welche Orte dies sind, legen Sie auf dem iPhone in der App *Wetter* fest. Alle Orte, die dort hinzugefügt wurden, erscheinen auch auf der Apple Watch.

Auf der Apple Watch (links) und dem iPhone (rechts) werden die gleichen Orte angezeigt.

Wenn Sie genauere Informationen über das Wetter haben wollen, müssen Sie den gewünschten Ort antippen. Damit gelangen Sie zu einem anderen Bildschirm, der nun detaillierte Aussagen über das aktuelle bzw. zukünftige Wetter nach Uhrzeit sortiert anzeigt.

 Wenn Sie an der **Krone** drehen oder mit dem Finger nach oben/unten scrollen, wechselt die Anzeige zwischen den einzelnen Orten.

Es gibt drei unterschiedliche Anzeigeoptionen für die Wetteranzeige. Wenn Sie einen Force Touch ausführen, können Sie zwischen den Anzeigen für die *Wetterlage*, *Regenwahrscheinlichkeit* und *Temperatur* wechseln.

Wetter

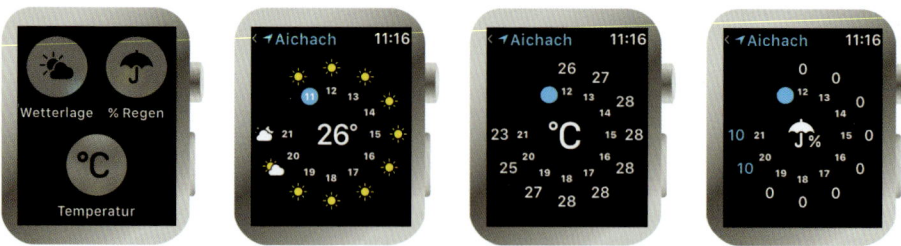

Die verschiedenen Anzeigearten des Wetters.

Die Wetter-App hat auch eine Vorhersage für die nächsten zehn Tage. Diese erreichen Sie, wenn Sie in der detaillierten Übersicht auf das Display tippen. Damit wird die 10-Tage-Vorhersage eingeblendet. Mit dem kleinen Pfeilsymbol links oben können Sie die Anzeige wieder verlassen.

Die Vorschau auf die nächsten 10 Tage.

Für die Wetter-App gibt es auch eine *Komplikation*, die Sie bei den Zifferblättern einstellen können. Mit der Komplikation haben Sie direkten Zugriff auf die aktuelle Wetterlage. Wenn Sie sie im Zifferblatt antippen, dann wird auch sofort die Wetter-App gestartet. Von welchem Ort das Wetter in der Komplikation angezeigt wird, können Sie in der Watch-App bei *Wetter –> Standardstadt* festlegen.

Wenn Sie die „Komplikation" der Wetter-App auf einem Zifferblatt verwenden (links), haben Sie immer Informationen über das aktuelle Wetter (rechts).

Aktien

Mit der Aktien-App haben Sie immer einen Überblick über die aktuellen Kurse von ausgewählten Aktien und Indizes. Welche Aktien auf der Apple Watch angezeigt werden, legen Sie auf dem iPhone in der App *Aktien* fest.

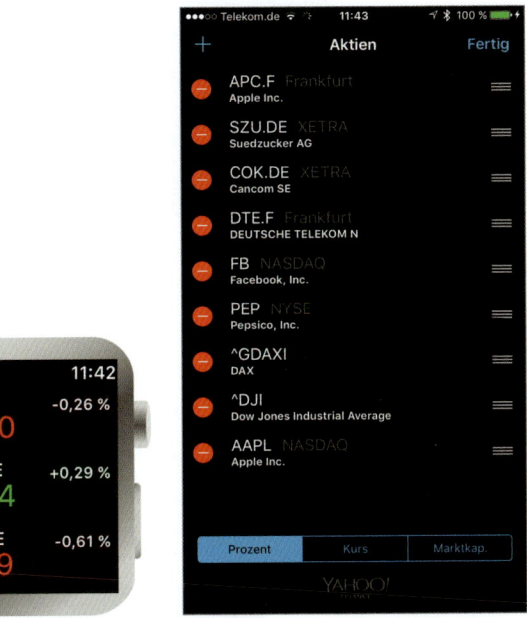

Auf der Apple Watch (links) und dem iPhone (rechts) werden die gleichen Aktien angezeigt.

Wenn Sie die Aktien-App auf der Apple Watch öffnen, können Sie sofort anhand der Farbe erkennen, ob die jeweilige Aktie im Plus oder Minus steht. Für die Anzeige gibt es drei verschiedene Arten: *Punkte*, *Marktkapital* und *Prozent*. Sie können die Anzeige wechseln, wenn Sie einen Force Touch ausführen und damit die Anzeigeoptionen öffnen.

 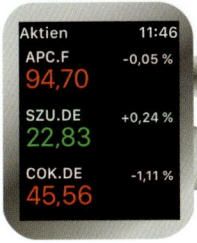 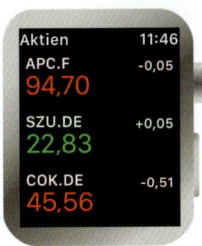 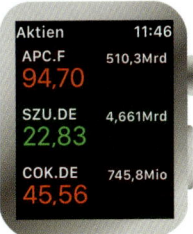

Die verschiedenen Anzeigearten der Aktienübersicht.

Aktien

Wenn Sie in der Übersicht eine Aktie antippen, werden die detaillierten Informationen geöffnet. In den Informationen wird auch ein Tagesdiagramm über die aktuelle Entwicklung der Aktie angezeigt. Wenn Sie die *Krone* drehen oder mit dem Finger nach oben bzw. unten scrollen, können Sie zur nächsten bzw. vorhergehenden Aktie wechseln.

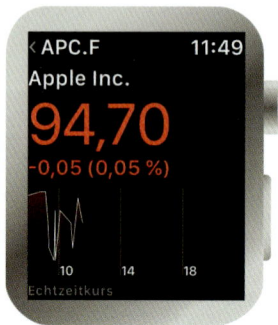

Die Kursentwicklung der Apple-Aktie wird in einem Diagramm angezeigt.

Auch die Aktien-App hat eine Zifferblattkomplikation, die Ihnen direkt auf dem Zifferblatt den aktuellen Kurs einer ausgewählten Aktie anzeigt. Welche Aktie in der Komplikation angezeigt wird, können Sie in der Watch-App auf dem iPhone bei *Aktien –> Standardaktie* festlegen. Dort können Sie im unteren Bereich auch einstellen, welche Werte der Aktie eingeblendet werden.

Die Anzeige der Aktien-Komplikation (links) kann in der Watch-App auf dem iPhone (rechts) angepasst werden.

Fotos

Das Display der Apple Watch ist zwar recht klein, trotzdem können Sie damit auch Bilder betrachten. Dazu wird die App *Fotos* verwendet. Aber wie gelangen Fotos auf die Apple Watch? Dazu benötigen Sie wieder die Watch-App auf dem iPhone. Sie können einzelne Alben, die Sie in der App *Fotos* auf dem iPhone angelegt haben, mit der Apple Watch synchronisieren. Das bedeutet, dass alle Bilder in dem jeweiligen Album automatisch zur Apple Watch übertragen werden. Wird ein Bild aus dem Album gelöscht, ist es auch auf der Apple Watch gelöscht. Das Gleiche gilt auch für Bilder, die dem Album hinzugefügt werden.

 Die Bilder werden in einer Version übertragen, die für die Apple Watch optimiert ist. Sie werden vor der Übertragung umgerechnet und beschnitten.

Wenn Sie die Watch-App auf dem iPhone starten, wechseln Sie in den Bereich *Fotos*. Dort sehen Sie in der Mitte die Option *Synchr. Album*. Bei dieser Option können Sie das Fotoalbum auswählen, das gemeinsam mit der Apple Watch genutzt werden soll. Und damit der Speicher der Apple Watch nicht unnötig belastet wird, sollten Sie bei *Fotos-Limit* die Anzahl der Bilder bestimmen, die übertragen werden. Die maximale Anzahl beträgt 500 Stück, was einem Datenvolumen von 75 MByte entspricht.

Die Einstellungen für die Fotos-App der Apple Watch nehmen Sie auf dem iPhone vor.

Wenn Sie nun die Fotos-App auf der Apple Watch öffnen, erhalten Sie zunächst eine Übersicht über alle Bilder. Mit der *Krone* können Sie die Ansicht vergrößern und so die Bilder etwas detaillierter sehen. Die Übersicht kann mit dem Finger auch in jede Richtung gescrollt werden. Wenn Sie ein Bild antippen, wird es vergrößert angezeigt. Die Anzeige kann wieder mit der *Krone* gezoomt werden.

In der Fotos-App können Sie mit der „Krone" die Übersicht vergrößern und in den einzelnen Bildern einen Zoom ausführen.

Sie können mithilfe eines Force Touch das aktuelle Bild für ein neues Zifferblatt definieren. Ein fester Druck auf das Display genügt, um die Option *Zifferblatt erstellen* einzublenden. Das neue Zifferblatt wird sofort für die Anzeige verwendet und kann nachträglich noch angepasst werden (siehe Kapitel 3 ab Seite 39).

Ein neues Zifferblatt mit dem Bild ist schnell erstellt.

iPhone-Kamera-Fernbedienung

Die Apple Watch selbst verfügt ja bekanntlich über keine eingebaute Kamera. Doch mit dieser Standard-App können Sie einen Schnappschuss mit der iPhone-Kamera erstellen.

Drücken Sie einfach den Auslöser, oder starten Sie eine zeitverzögerte Serienaufnahme. Über Force Touch können Sie z. B. noch den Blitz dazuschalten oder ein Live Photo aufnehmen.

 Solange Sie das Motiv in der App sehen, können Sie zudem über die digitale Krone noch zoomen bzw. durch Antippen eines Bildbereichs diesen fokussieren.

Erinnerungen

Ein großer Vorteil der Apple Watch ist es, dass man für eine Erinnerung nicht mehr das iPhone zur Hand nehmen muss. Die Erinnerungen werden nämlich direkt auf dem Display der Apple Watch angezeigt und können dort auch abgehakt werden. Für die Verwaltung wird die App *Erinnerungen* verwendet.

Wenn Sie die App auf der Apple Watch starten, sehen Sie als Erstes die Listen, die synchron zu den Listen in der App *Erinnerungen* auf Ihrem iPhone sind. Wenn Sie eine der Listen auswählen, sehen Sie die einzelnen Einträge, die noch nicht als *Erledigt* gekennzeichnet sind. Um einen Eintrag als *Erledigt* zu kennzeichnen, müssen Sie ihn nur antippen. Wenn Sie einen Force Touch ausführen, können Sie auch die bereits abgehakten Einträge einblenden.

Erinnerungen

Die App „Erinnerungen" enthält die gleichen Listen wie auf dem iPhone (links). Zusätzlich zu den noch offenen Aufgaben (Mitte) können die bereits erledigten angezeigt werden (rechts).

Die zeitabhängigen Erinnerungen werden direkt auf der Apple Watch angezeigt, sobald sie fällig sind. Dort können Sie dann über die weitere Vorgehensweise entscheiden. Mit *Schlummern* erhalten Sie keinen Hinweis mehr über die Erinnerungen, die jeweilige Erinnerung bleibt aber als nicht erledigt in den Listen stehen. Durch *Erledigt* wird die Erinnerung als abgearbeitet gekennzeichnet.

Ist eine Erinnerung fällig, werden Sie durch eine Mitteilung darauf hingewiesen.

Auf der Apple Watch können Sie auch neue Erinnerungen erstellen, und zwar mithilfe von Siri. Wenn Sie z. B. „Erinnere mich morgen um 8 Uhr daran, die Mülltonen rauszustellen" sagen, wird ein entsprechender Eintrag in den Erinnerungen durchgeführt.

Mit Siri können Sie auf der Apple Watch auch neue Erinnerungen anlegen.

Für die Erinnerungen gibt es auch eine Zifferblattkomplikation. Dort wird die Erinnerung angezeigt, die als nächste ansteht. Es werden also nur die Erinnerungen angezeigt, die zeitabhängig sind.

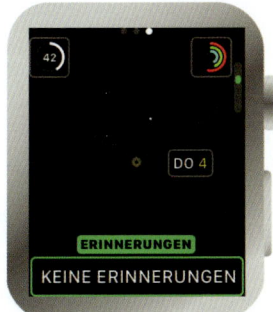 

Die „Erinnerungen" gibt es auch als „Komplikation".

Kalender

Mit der Apple Watch können Sie auch Ihre Termine mithilfe der App *Kalender* verwalten. Die App spiegelt die Kalender, die Sie mit dem iPhone verwalten. Wenn Sie nur einen ganz bestimmten Kalender auf der Apple Watch verwenden bzw. anzeigen wollen, dann öffnen Sie auf dem iPhone die Watch-App und gehen zu *Kalender*. Dort können Sie im unteren Bereich bei *Kalender* auf *Eigene* umschalten und anschließend die Kalender auswählen, die auf der Apple Watch verwendet werden sollen.

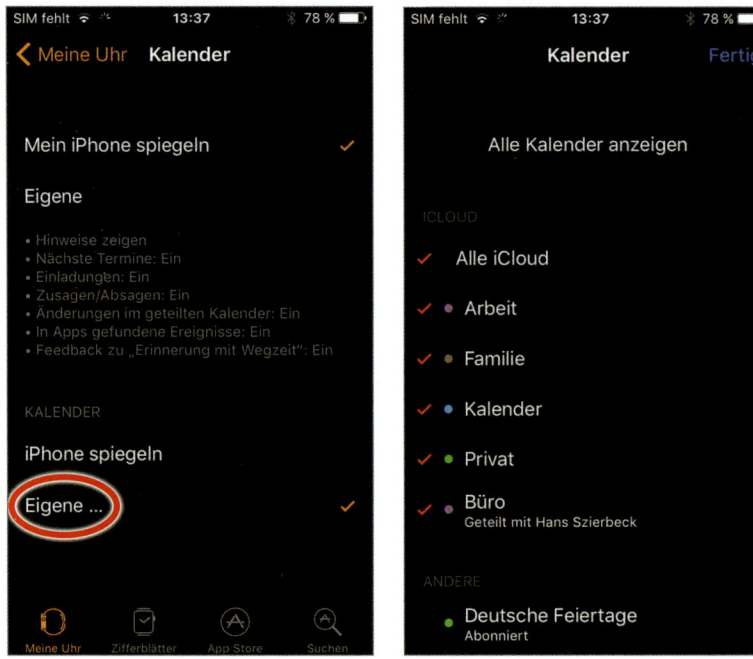

In der Watch-App auf dem iPhone legen Sie fest, welche Kalender die Apple Watch anzeigen soll.

Wenn Sie anschließend die Kalender-App auf der Apple Watch öffnen, sehen Sie als Erstes die Termine, die für den heutigen Tag anstehen. Wenn Sie weiter nach unten scrollen, sehen Sie auch die zukünftigen Termine. Die Ansicht der Termine kann geändert werden, wenn Sie einen Force Touch ausführen. Sie haben die Wahl zwischen *Liste*, *Tag* und *Als nächstes*. Zu welcher Anzeige Sie wechseln können, hängt davon ab, welche gerade aktiv ist. Wenn Sie z. B. momentan die *Liste* verwenden, können Sie nur zu *Tag* und *Als nächstes* wechseln.

 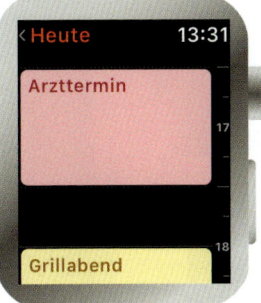 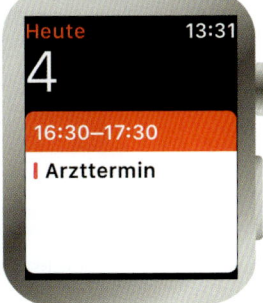

Die Ansichten „Liste" (links), „Tag" (Mitte) und „Als nächstes" (rechts) in der Kalender-App.

 Egal welche Ansicht Sie auswählen, Sie können mithilfe der **Krone** nach oben und unten scrollen, um die zukünftigen Termine zu betrachten. In der Tagesansicht können Sie durch die Tage scrollen, wenn Sie mit dem Finger nach links bzw. rechts wischen.

Im Force-Touch-Menü gibt es auch noch die Option *Heute*. Damit können Sie zurück zum heutigen Tag springen, falls Sie zu einem anderen Tag gescrollt haben. Der Kalender verfügt auch noch über eine Monatsansicht. Diese erhalten Sie, wenn Sie links oben auf das kleine Pfeilsymbol tippen. Die Monatsansicht hat allerdings keinerlei Funktion, sondern dient ausschließlich der Übersicht. Wenn Sie wieder zurück wollen, dann tippen Sie auf den Monat.

Der Kalender hat auch eine Monatsansicht. Leider kann man hier nicht vorwärts oder rückwärts zu anderen Monaten scrollen.

In der Kalender-App können Sie einen Termin auch löschen. Dazu müssen Sie ihn zuerst öffnen. Dazu reicht es aus, ihn in der Übersicht anzutippen. Danach führen Sie einen Force Touch durch, damit die Löschen-Funktion eingeblendet wird. Der Termin wird damit nicht nur auf der Apple Watch entfernt, sondern auch auf dem iPhone bzw. mithilfe von iCloud auf allen Ihren Geräten.

Einzelne Termine können auch gelöscht werden.

Mit der Apple Watch können Sie sogar Einladungen zu Ereignissen bzw. Terminen annehmen oder ablehnen. Wenn jemand Sie zu einem Termin einlädt, dann erhalten Sie auf der Apple Watch eine Mitteilung. Wenn Sie in der Mitteilung etwas weiter nach unten scrollen, finden Sie die Optionen für diese Einladung. Wenn Sie die Einladung annehmen, erhält der Absender automatisch eine Nachricht darüber und der Termin wird in Ihren Kalender eingetragen.

Auf der Apple Watch können Sie auch Einladungen annehmen oder ablehnen.

Mit dem Einsatz von Siri können Sie auf der Apple Watch auch neue Termine anlegen. Sagen Sie z. B.: „Neuer Termin für den 22. August um 19 Uhr Abendessen mit Simone." Das reicht vollkommen aus.

Neue Termine können unter Zuhilfenahme von Siri auf der Apple Watch angelegt werden.

Wie viele andere Apps hat auch der Kalender eine Zifferblattkomplikation, eigentlich sind es sogar zwei. Wenn Sie nämlich im Zifferblatt auf das Datum tippen, wird direkt der Kalender geöffnet. Es gibt aber noch eine andere Komplikation, die den nächsten Termin anzeigt.

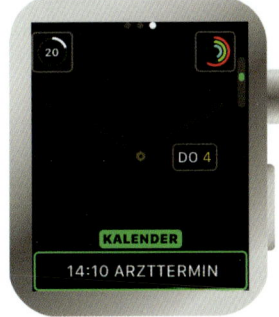

Der Kalender kann mit den Komplikationen „Kalender" und „Datum"
über das Zifferblatt geöffnet werden.

Mail

Es hört sich zwar etwas komisch an, aber mit der Apple Watch können Sie auch E-Mails verwalten. Die Verwaltung beschränkt sich allerdings auf das Lesen, Löschen, Markieren, Antworten und Weiterleiten. Neue E-Mails können auf der Apple Watch nicht erstellt werden, dazu müssen Sie das iPhone nutzen. Zudem zeigt Ihnen die Mail-App auf der Watch an, dass Dateianhänge mitgesendet wurden. Bis auf Bilddateien kann die Watch damit aber nichts anfangen.

Anhänge im .png- oder. jpg-Format können auf der Apple Watch betrachtet werden **A**.
Haben Sie auf eine E-Mail geantwortet, dann erkennen Sie das ebenfalls an einem Symbol **B**.

Bevor Sie die App öffnen, sollten Sie auf dem iPhone in der Watch-App noch einige Einstellungen bei *Mail* vornehmen. Wenn Sie sehr viele E-Mail-Accounts auf dem iPhone eingerichtet haben, müssen Sie sich entscheiden, welcher davon auf der Apple Watch verwendet werden soll. Um dieses Postfach zu bestimmen, müssen Sie die Option *Mail einschließen* ❶ öffnen und dort dann das gewünschten Postfach ❷ auswählen.

> **!** Die Apple Watch kann entweder alle Postfächer oder nur eines davon verwalten. Nur zwei oder drei von fünf Postfächern zu verwalten ist z. B. nicht möglich.

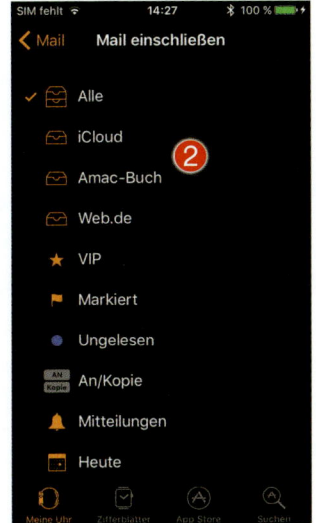
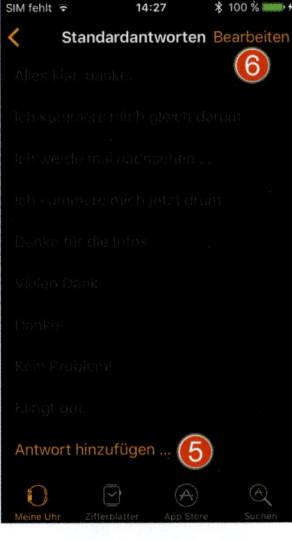

Vor der ersten Nutzung sollten Sie die Einstellungen für die Mail-App kontrollieren.

Bei *E-Mail-Vorschau* ❸ können Sie bestimmen, wie viele Zeilen vom Inhalt der E-Mail in der Mitteilung stehen sollen, wenn eine neue E-Mail empfangen wird. Besonders interessant sind die *Standardantworten* ❹. Hier sind die Antworten hinterlegt, die Sie beim Beantworten von E-Mails auf der Apple Watch verwenden können. Mit *Antwort hinzufügen* ❺ lassen sich jederzeit neue Antworten anlegen und mit *Bearbeiten* ❻ wieder entfernen. Außerdem sollten Sie noch Ihre *Signatur* ❼ kontrollieren. Diese wird automatisch an jede Antwort gehängt.

Wenn Sie die Einstellungen kontrolliert bzw. geändert haben, können Sie die Mail-App auf der Apple Watch öffnen. Als Erstes sehen Sie eine Liste mit allen alten und neuen E-Mails. Neue, noch nicht gelesene E-Mails sind mit einem kleinen blauen Punkt hervorgehoben. Tippen Sie eine E-Mail an, um den Inhalt zu öffnen. Mit der *Krone* können Sie nach oben und unten scrollen.

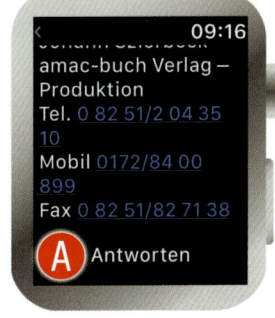

Der blaue Punkt kennzeichnet die E-Mail als „Nicht gelesen" (links). Ein Fingertipp genügt, um eine E-Mail zu öffnen (rechts).

 Wenn Sie auf eine der blauen Telefonnummern innerhalb der Mail tippen, wird sofort ein Anruf an diese Nummer gestartet. Normale Hyperlinks zu Internetseiten lassen sich hingegen nicht auf der Apple Watch öffnen.

Wenn Sie in der E-Mail ganz nach unten scrollen, finden Sie den Button *Antworten* **A**. Mit ihm können Sie die E-Mail beantworten. Für die Antwort stehen Ihnen drei verschiedene Möglichkeiten zur Verfügung. Sie können entweder eine der vorgefertigten Antworten **B** verwenden oder einen Text diktieren **C** oder ein Emoji **D** schicken. Für das Diktieren müssen Sie nur den gewünschten Text in die Apple Watch sprechen und anschließend auf *Fertig* **E** tippen. Danach können Sie den Text kontrollieren und senden **F**.

Für eine Antwort gibt es unterschiedliche Möglichkeiten.

Für die Verwaltung der E-Mails hat die App auch noch einiges zu bieten. Wenn Sie eine E-Mail geöffnet haben, führen Sie einen Force Touch durch, um die Optionen zu öffnen. In den Optionen finden Sie neben dem *Antworten* auch die Funktionen *Markieren*, *Ungelesen* und *Löschen*.

Mit *Markieren* wird die E-Mail speziell gekennzeichnet und wird auf dem iPhone ins Postfach *Markiert* einsortiert. Die spezielle Markierung ist entweder ein farbiger Punkt oder eine farbige Fahne, das hängt von den Einstellungen auf dem iPhone ab. Die Option *Ungelesen* kennzeichnet die E-Mail mit einem blauen Punkt als nicht gelesen. Wozu die Funktion *Löschen* verwendet wird, muss nicht erklärt werden.

Via Force Touch öffnet Sie das Menü zur Verwaltung der E-Mails (links). Eine markierte
E-Mail erhält entweder eine farbige Fahne (Mitte) oder einen farbigen Punkt (rechts).

Die Funktionen zum Löschen und Markieren der E-Mails gibt es auch in der E-Mail-Liste. Wenn Sie dort eine E-Mail nach links verschieben, öffnen Sie die Optionen. Im Bereich *Mehr* befinden sich die Funktionen zum Markieren der E-Mail.

Auch in der E-Mail-Liste gibt es die Funktionen zum Löschen und Markieren.

Auf eine neue E-Mail können Sie auch sofort reagieren, ohne die Mail-App öffnen zu müssen. Wenn Sie auf der Apple Watch eine Mitteilung über eine neue E-Mail erhalten, müssen Sie in der Mitteilung nur nach unten scrollen, um die verschiedenen Funktionen für die Verwaltung zu sehen.

 Wenn Sie auf den Hinweis, dass eine neue E-Mail eingetroffen ist, nicht sofort re-agieren wandert die Meldung in die Mitteilungszentrale. (Das bedeutet der kleine rote Punkt am oberen Displayrand.) Dort können Sie die E-Mail allerdings nicht bearbeiten, sondern nur öffnen.

Mail

Wenn Sie eine Mitteilung über eine neue E-Mail erhalten (links), können Sie sofort darauf reagieren (Mitte), wenn Sie in der Mitteilung nach unten scrollen. Wenn Sie nicht sofort reagieren, landet die Mitteilung in der Mitteilungszentrale (rechts).

Wie in fast allen Apps gibt es auch in *Mail* eine Zifferblattkomplikation. Damit werden zwar nicht die neuesten E-Mails angezeigt, aber Sie können damit sehr schnell die Mail-App öffnen.

Die Mail-App besitzt auch eine Zifferblattkomplikation.

Telefon

Wie bereits in den vorherigen Kapiteln erwähnt, können Sie mit der Apple Watch auch Telefonate führen. Dazu muss aber unbedingt das iPhone in Reichweite sein. Das iPhone wird nicht nur zum Aufbau der Telefonverbindung benötigt, sondern auch für das Adressbuch.

 Die Apple Watch kann Gespräche über die normale Mobilfunkverbindung führen, aber auch via FaceTime kommunizieren. Sogar WhatsApp und Skype funktionieren, wenn die jeweiligen Apps auf der Apple Watch und dem iPhone installiert sind.

Die Apple Watch hat eine eigene App mit dem Namen *Telefon*. Wenn Sie die App starten, sehen Sie als Erstes eine Übersicht verschiedener Kategorien. Diese Kategorien werden vom iPhone gespeist und enthalten *Favoriten*, *Anrufliste*, *Voicemail, Adressen* bzw. *Kontakte*. Um einen Anruf zu tätigen, müssen Sie einen *Kontakt* öffnen. Im Kontakt können Sie dann zwischen einem Anruf ❶ oder einer Nachricht ❷ wählen.

 Wenn Sie bei **Favoriten** oder in der **Anrufliste** einen Kontakt antippen, wird sofort bei der jeweiligen Person angerufen. Hier haben Sie keine Möglichkeit, den Kommunikationsweg zu wählen.

In der App „Telefon" können Sie einen Anruf starten.

Tippen Sie auf das Telefonsymbol ❶, um einen Telefonanruf zu starten. Während des Anrufs können Sie mit der roten Telefontaste ❸ das Gespräch beenden. Oben gibt es noch einen Lautstärkeregler ❹ und rechts unten eine Taste für das Stummschalten ❺.

Wenn Sie einen Anruf erhalten, wird dieser auf der Apple Watch angezeigt. Sie können den Anruf entsprechend annehmen oder ablehnen. Und wenn Sie nach unten scrollen, sehen Sie noch zwei Optionen. Die Option *Nachricht senden* erlaubt es Ihnen, eine Nachricht an den Empfänger zu senden, anstatt das Gespräch anzunehmen. Die Nachricht können Sie aus einer Reihe vorgefertigter Texte wählen. Sie können aber auch einen Text diktieren oder nur ein Emoji senden. Mit der zweiten Option, *Mit iPhone antworten*, wird das Gespräch auf dem iPhone angenommen und Sie können dann dort das Gespräch führen.

Wenn Sie einen Anruf auf der Apple Watch erhalten, stehen Ihnen mehrere Optionen zur Verfügung.

Es gibt noch eine Besonderheit bei Anrufen, die Sie über FaceTime erhalten. FaceTime kann sowohl Video- als auch Audio-Anrufe umfassen. Weil Sie auf der Apple Watch keine Kamera besitzen, können Sie Video-Anrufe natürlich nicht mit der Apple Watch annehmen bzw. führen. Sie können aber solche Anrufe an das iPhone mit der entsprechenden Taste weitergeben. Die Audio-Anrufe via FaceTime können ganz normal auf der Apple Watch angenommen bzw. geführt werden.

Video-Anrufe via FaceTime können nur auf dem iPhone angenommen werden (links), während Audio-Anrufe kein Problem sind (rechts).

Wenn Sie mal einen Anruf verpasst haben, geht der Anruf normalerweise an Ihre Mailbox. Wenn etwas auf der Mailbox vorhanden ist, dann können Sie dies in der *Telefon*-App bei der Übersicht unter *Voicemail* abhören. Dort sind alle Gespräche der Mailbox aufgelistet. Sie müssen nur einen davon antippen, um ihn mit der Apple Watch abzuhören.

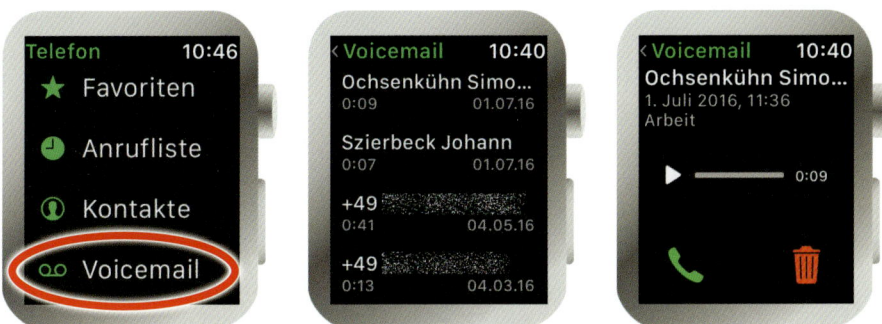

Die Mailbox kann direkt auf der Apple Watch abgehört werden.

Für die Telefon-App gibt es auch eine Zifferblattkomplikation. Mit ihrer Hilfe können Sie sehr schnell die Telefon-App öffnen. Sie müssen im Zifferblatt nur auf das Telefonsymbol tippen.

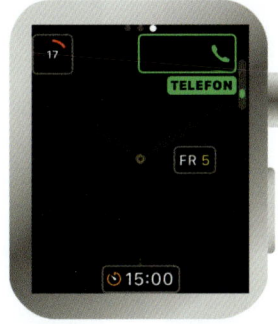

Für die Telefon-App gibt es auch eine Komplikation.

Nachrichten

Neben E-Mail und Telefon sind Nachrichten eine weitere Möglichkeit, mit der Apple Watch zu kommunizieren.

 Der Dienst „Nachrichten" (oder auch „iMessage" genannt) funktioniert über alle Apple-Geräte (Mac, iPhone, iPad. iPod touch) hinweg und setzt eine Apple-ID voraus. Möchten Sie z. B. auch mit Android-Telefonen kommunizieren, dann installieren Sie einfach WhatsApp auf dem iPhone inklusive der Apple Watch-Version.

Bevor Sie die Nachrichten-App auf der Apple Watch benutzen, sollten Sie die Einstellungen für die App kontrollieren. In der Watch-App auf dem iPhone müssen Sie dazu den Bereich *Nachrichten* öffnen.

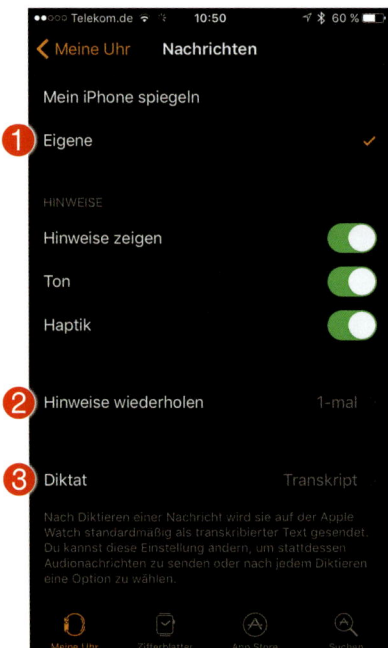 

Die Einstellungen für „Nachrichten" in der Watch-App auf dem iPhone.

Zuerst sollen Sie im oberen Bereich die Einstellungen auf *Eigene* ❶ umstellen, weil dadurch im unteren Bereich die zusätzlichen Optionen sichtbar werden. Bei *Hinweise wiederholen* ❷ können Sie festlegen, wie oft der Hinweis auf eine neue Nachricht wiederholt werden soll. Sie können den Hinweis bis zu zehnmal wiederholen lassen.

Interessant wird es bei *Diktat* ❸. Da die Apple Watch keine Tastatur besitzt, müssen Sie den Nachrichtentext diktieren. Dieser wird standardmäßig in Text umgewandelt, wenn die Option *Transkript* gewählt ist. Der gesprochene Nachrichtentext kann aber auch als Audiodatei verschickt werden. Dazu müssen Sie auf *Audio* umschalten oder Sie aktivieren beides gleichzeitig und entscheiden dann spontan, auf welche Art die Nachricht verschickt wird.

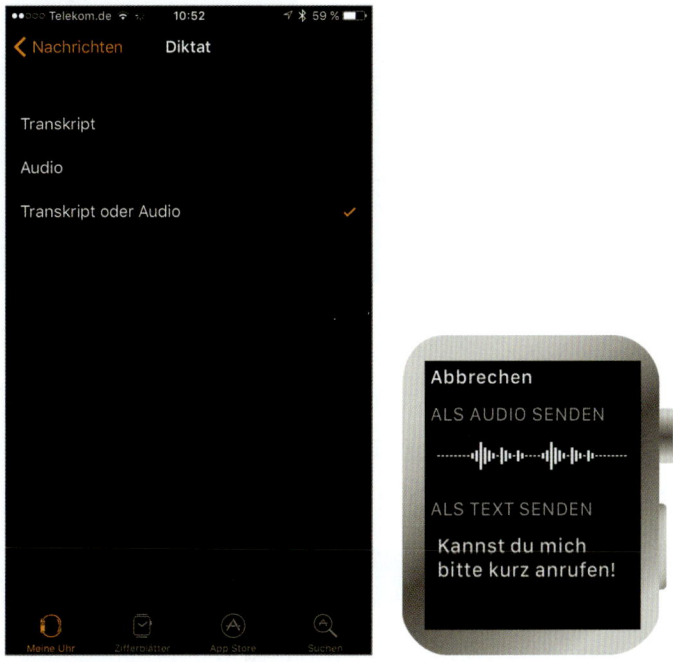

Entscheiden Sie, wie eine Nachricht versendet werden soll.

Wenn Sie die Einstellungen etwas weiter nach unten scrollen, dann sehen Sie die Option *Standardantworten* ❹. In diesem Bereich sind die vorgefertigten Antworten hinterlegt, die Sie für eine Nachricht verwenden können. Die Antworten können von Ihnen beliebig erweitert werden, wenn Sie die Funktion *Antwort hinzufügen* ❼ am Ende der Liste auswählen. Wenn Sie die Option *Intelligente Antworten* ❻ aktivieren, dann reagiert die Apple Watch automatisch auf den erhaltenen Nachrichtentext und stellt die passenden Antworten dazu bereit.

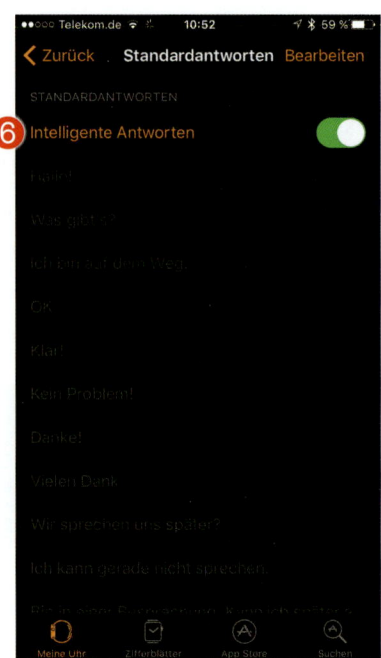

Die passenden Antworten liegen schon bereit.

Als Letztes müssen Sie noch entscheiden, ob eine *Lesebestätigung* ❺ an den Absender der Nachricht verschickt werden soll. Der Absender kann dadurch feststellen, ob Sie die Nachricht erhalten und gelesen haben.

Neue Nachricht erstellen

Wenn Sie die Nachrichten-App auf der Apple Watch öffnen, sehen Sie zuerst die Übersicht über alle bereits empfangenen Nachrichten. Um eine neue Nachricht zu erstellen, müssen Sie einen Force Touch ausführen.

In der Nachrichten-Übersicht (links) kann via Force Touch (Mitte) eine neue Nachricht erstellt werden (rechts).

Zuerst sollen Sie den Empfänger der Nachricht bestimmen. Dazu tippen Sie auf *Kontakt* und wählen anschließend eine Kontaktadresse aus. Standardmäßig werden in der Liste ❶ die Kontakte angezeigt, von denen Sie bereits eine Nachricht erhalten haben. Wenn Sie einen Kontakt aus Ihrem Adressbuch benötigen, dann tippen Sie auf das Symbol ❷. Alternativ dazu können Sie den Kontakt auch diktieren ❸. Die Apple Watch sucht dann automatisch in Ihrem Adressbuch nach einem Kontakt, der zu dem Diktat passt.

Wer soll die Nachricht erhalten?

Wenn Sie den Empfänger festgelegt haben, können Sie den Nachrichtentext eingeben. Dazu tippen Sie in das Feld *Nachricht erstellen*. Anschließend können Sie entweder aus den vorgefertigten Texten ❹ wählen, den Text diktieren ❺, ein Emoji aussuchen ❻ oder einen Digital Touch ❼ versenden. Der Digital Touch ist eine ganz besondere Art der Nachricht und wird im nächsten Abschnitt genau beschrieben.

Welche Art von Nachricht wollen Sie senden?

Für die Emojis gibt es noch einige Besonderheiten. Die Apple Watch hat nicht nur die Standardsymbole, die jedes Smartphone besitzt, sondern auch noch animierte Smileys, Herzen und Handsymbole.

Nachrichten

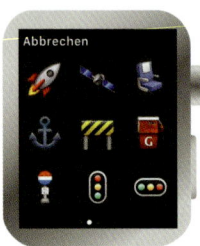   

Alle gängigen Emojis stehen der Apple Watch auch zur Verfügung. Bei „Letzte Suchen" finden Sie sogar Sticker, die zuletzt am iPhone verwendet wurden und nun auch von der Apple Watch gesendet werden können.

Wenn Sie die Emojis geöffnet haben, müssen Sie das Display nach links wischen, um die Animationen anzuzeigen. Die Smileys, Herzen und Hände können gewechselt werden, wenn Sie an der *Krone* drehen. So können Sie z. B. von einem lachenden Smiley zu einem traurigen Smiley wechseln. Sogar die Farbe der Smileys und Herzen kann geändert werden, wenn Sie einen Force Touch ausführen.

Es gibt drei verschiedene Animationen, …

… die Sie mit der „Krone" und einem „Force Touch" verändern können.

Ist der Nachrichtentext festgelegt, müssen Sie nur noch auf *Senden* ❽ tippen, um die Nachricht abzuschicken. Sie können den Sendevorgang im Verlauf beobachten.

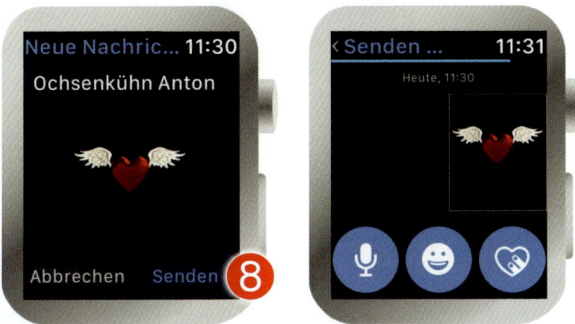

Die Nachricht wird verschickt.

Digital Touch

Ein Digital Touch ist eine besondere Art der Nachricht. Anstelle von Texten oder Smileys können Sie damit eigene Zeichnungen oder Ihren Herzschlag versenden. Dafür müssen Sie das Symbol für einen Digital Touch beim Erstellen einer Nachricht antippen. Anschließend können Sie mit dem Finger auf dem Touch-Display der Apple Watch etwas zeichnen, das später als Nachricht verschickt wird. Dabei wird nicht nur die Zeichnung selbst verschickt, sondern eine Animation, die zeigt, wie Sie die Zeichnung erstellt haben.

Wenn Sie Ihren Herzschlag senden wollen, dann halten Sie nur den Finger etwas länger auf das Display. Dadurch entsteht eine Animation mit einem pulsierenden Flammenkreis. Wenn Sie allerdings zwei Finger verwenden, erhalten Sie ein pulsierendes Herz. Die Schnelligkeit des Pulsierens wird von Ihrer aktuellen Herzfrequenz abgeleitet. Als dritte Art können Sie auch mit einem Finger hintereinander auf das Display tippen und somit eine Art animiertes Feuerwerk mit Ringen produzieren (Taps). Wollen Sie einen Kuss versenden, so tippen Sie mit mindestens zwei Fingern auf das Display. Soll hingegen ein gebrochenes Herz versendet werden, dann legen Sie erneut zwei Finger auf das Display bis der Herzschlag erscheint und ziehen Sie nun die Finger nach unten um die Animation zu versenden.

Es gibt viele Arten des „Digital Touch": ...

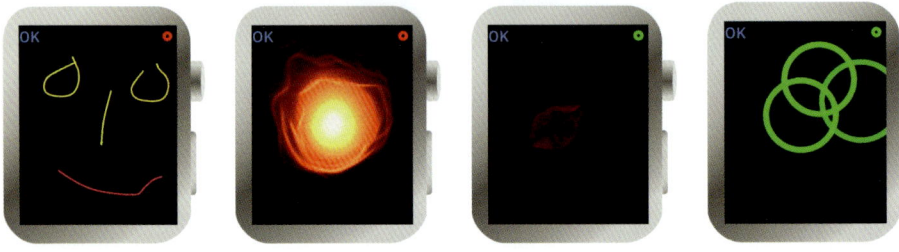

... die Zeichung (links), den Herzschlag sowie einen Kuss (Mitte) und die Taps (rechts).

! Der farbige Punkt rechts oben ist für die Farbe zuständig. Wenn Sie ihn antippen, können Sie die Farbe für die Zeichnungen und der Taps ändern.

Tapbacks

Die Tapbacks erhalten Sie, wenn Sie etwas länger (ca. 1,5 Sekunden) auf eine Nachricht tippen. In einem Pop-up-Menü können Sie dann zwischen sechs verschiedenen Symbolen auswählen. Das Symbol wird nicht nur an den Gesprächspartner verschickt, sondern hängt sich als Etikett direkt an die Nachricht – ein schneller Weg, um auf eine Nachricht zu antworten.

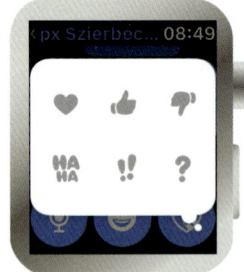 

Schneller geht's kaum: Mit den sogenannten Tapbacks können Sie rasch Feedback geben. Zudem sind mehrere Tapbacks zu einem Eintrag auch möglich.

Scribble

> ! Ende September 2016 ist diese Funktion auf der Apple Watch nur dann verfügbar, wenn als Systemsprache Englisch verwendet wird (Watch-App auf dem iPhone: **Meine Uhr –> Allgemein –> Sprache & Region –> Systemsprache**). Vermutlich wird die Funktion in Bälde auch in deutscher Sprache verfügbar sein.

Neu in watchOS 3 ist die Option, via Scribble zu antworten. Dabei können Sie Ihren Antworttext buchstabenweise „zeichnen".

 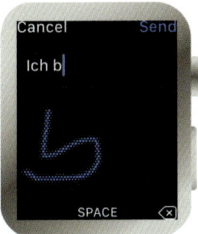  

Tippen Sie zum Antworten auf Scribble und geben die Zeichen durch Zeichnen ein (links). Nutzen Sie die Textvorschläge, um die Eingabe zu beschleunigen (rechts)

Sie werden staunen, wie Sie mit ein wenig Übung schon nach kurzer Zeit Texte auf der Apple Watch „eintippen" können. Übrigens: Diese Funktion ist auch beim Beantworten von E-Mails verfügbar :-).

Nachrichtenverlauf

In der Übersicht der Nachrichten-App werden alle Nachrichtenchats aufgelistet, die Sie in der Vergangenheit geführt haben. Um den genauen Verlauf zu sehen, müssen Sie nur auf einen der Einträge tippen. Der Gesprächsverlauf sieht genauso wie auf dem iPhone aus. Auf der rechten Seite stehen Ihre Antworten und auf der linken Seite die des Gesprächspartners. Mit der *Krone* können Sie durch den Gesprächsverlauf scrollen. Am unteren Ende finden Sie Möglichkeiten, um zu antworten bzw. die Konversation fortzusetzen.

Wenn Sie im Nachrichtenverlauf (links) auf einen Eintrag tippen, sehen Sie die Konversation (Mitte) mit dem Gegenüber. Am unteren Ende der Konversation (rechts) befinden sich die Funktionen zum Beantworten.

Im Nachrichtenverlauf können Sie die diversen Konversationen auch entfernen und die Informationen über den jeweiligen Gesprächspartner öffnen, falls Sie ihn z. B. direkt anrufen wollen. Sie müssen nur die gewünschte Konversation nach links schieben, um die Funktionen *Details* und *Löschen* einzublenden. Die *Details* enthalten Informationen über den Konversationspartner, während *Löschen* die ganze Konversation entfernt.

Im Nachrichtenverlauf lassen sich die Konversationen löschen.

Nachrichten empfangen

Zum Empfangen von Nachrichten sollten Sie auch noch einige Dinge wissen. Wenn Sie eine Mitteilung über den Empfang einer neuen Nachricht erhalten, können Sie direkt in der Mitteilung darauf antworten. Sie haben dort die gleichen Funktionen wie in der Nachrichten-App. Das Öffnen der App ist also nicht nötig.

Wenn Sie eine Mitteilung über eine neue Nachricht erhalten, können Sie direkt darauf reagieren.

Die Apple Watch kann auch Videos und Bilder per Nachricht empfangen. Wenn Sie ein Video erhalten, lässt sich dieses auch direkt auf der Apple Watch abspielen. Fotos, die Sie erhalten, lassen sich ebenso auf der Apple Watch betrachten. Sie müssen nur auf das Video bzw. das Foto tippen, um es im Vollbildmodus ansehen zu können.

Die Apple Watch kann sowohl Videos als auch Fotos empfangen.

! Natürlich kann die Apple Watch auch die Sprechblasen, Hintergründe, handschriftliche Infos und Stickers der Nachrichten-App von iOS 10 anzeigen.

iOS 10 Anwender können am iPad oder iPhone weitere Effekte erzeugen, die auf der Apple Watch ebenfalls empfangen werden.

Mit der Nachrichten-App können Sie auch Ihren momentanen Standort versenden. Dazu müssen Sie innerhalb der Konversation einen Force Touch ausführen. Damit werden die Optionen geöffnet, die auch die Funktion *Standort senden* enthalten. Tippen Sie diese Funktion an, wird sofort Ihr aktueller Standort in Form einer kleinen Karte verschickt. Der Empfänger muss dann nur noch auf die Karte tippen, um Ihren Standort zu sehen.

 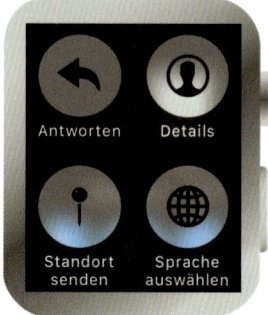 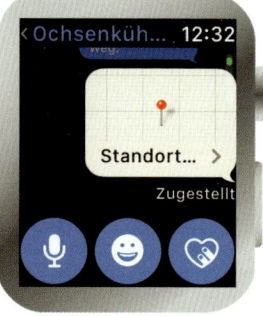

Innerhalb der Konversation (links) kann mit einem Force Touch (Mitte) der aktuelle Standort als Karte versendet werden (rechts).

Wie viele andere Apps auch hat die Nachrichten-App eine Zifferkomplikation, mit deren Hilfe Sie sehr schnell die Nachrichten-App öffnen können. Die Komplikation besteht nur aus dem Symbol der Nachrichten-App. Eine neue Nachricht kann damit nicht direkt im Zifferblatt angezeigt werden.

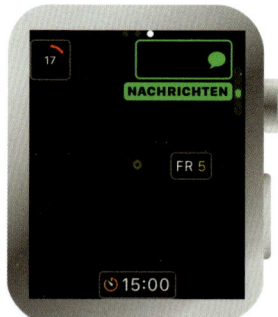

Für die Nachrichten gibt es auch eine Zifferblattkomplikation.

SMS-Nachrichten

Da ein iPhone SMS-Nachrichten senden und empfangen kann, kann die Apple Watch das eben auch.

Wie schon gezeigt, können Sie mit der Diktierfunktion Antworten erfassen. Diese sollten Sie allerdings als Text (*Transkript*) versenden, da ansonsten der Empfänger nichts damit anfangen kann. Auch das Versenden von Bildern, Videos oder Standortinformationen sollten Sie sein lassen, da diese Funktionen bei SMS nicht vorgesehen sind. SMS ist also eine rein textbasierte Kommunikation.

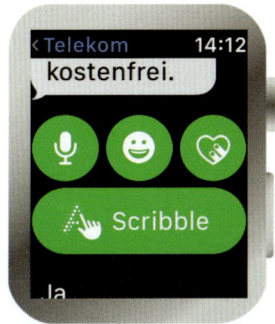

SMS-Nachrichten erscheinen ebenfalls in der Nachrichten-App. An der grünen Farbe (im Gegensatz zum Blau von iMessage) können Sie das erkennen.

Zum Senden von SMS-Nachrichten gehen Sie so vor, wie vorhin beschrieben: Sie wählen eine Nummer aus den Kontakten aus und erstellen die Textnachricht. Hat der Empfänger auch ein Apple-Gerät, so wird automatisch eine iMessage versendet, andernfalls eben eine SMS-Nachricht.

Musik

Die Apple Watch besitzt auch eine App für das Abspielen bzw. die Steuerung von Musik. Mit der Musik-App der Apple-Watch haben Sie praktisch einen iPod am Handgelenk. Die App kann entweder die Musiktitel auf dem iPhone abspielen oder Sie laden sich die Musiktitel auf die Apple Watch und können dann ohne iPhone Musik hören.

Bevor Sie die App auf der Apple Watch starten, sollten Sie noch in der Watch-App auf dem iPhone zwei Einstellungen vornehmen. Unter *Meine Uhr –> Musik* finden Sie die Einstellungen für die Musikverwaltung der Apple Watch. Bei *Synchronisierte Musik* ❶ wählen Sie die Wiedergabeliste aus, die auf die Apple Watch übertragen werden soll. Die Synchronisation wird allerdings erst ausgeführt, wenn die Apple Watch am Ladegerät hängt.

In der Watch-App auf dem iPhone legen Sie fest, welche und wie viele Musiktitel auf die Apple Watch übertragen werden.

 Leider können Sie immer nur eine Wiedergabeliste auf die Apple Watch übertragen. Ich empfehle Ihnen also, auf dem iPhone in der Musik-App eine Wiedergabeliste speziell für die Apple Watch zu erstellen und dann diese für die Synchronisation zu verwenden.

Da die Apple Watch nur einen begrenzten Speicher hat, sollten Sie noch festlegen, wie viel von dem Speicher für die Musik verwendet werden soll. Bei der Option *Speicherlimit* ❷ können Sie den Speicherplatz zwischen 100 MByte und 2 GByte festlegen, oder Sie bestimmen, wie viele Musiktitel die Apple Watch aufnehmen darf. Das können zwischen 15 und 250 Titel sein.

 Bei der Synchronisation werden nur so viele Musiktitel übertragen, bis das Speicherlimit erreicht ist. Sollte Ihre ausgewählte Wiedergabeliste mehr Titel enthalten, wird nur ein Teil davon übertragen.

Haben Sie die Einstellungen in der Watch-App auf dem iPhone vorgenommen, können Sie die Musik-App auf der Apple Watch öffnen. Dort sollten Sie zuerst auswählen, ob die Musiktitel des iPhone oder der Apple Watch abgespielt werden sollen ❸.

Die Musik-App auf der Apple Watch.

 Bitte beachten Sie, dass Sie ein Bluetooth-Headset bzw. Bluetooth-Lautsprecher benötigen, wenn Sie die Musik direkt von der Apple Watch abspielen wollen. Die Musiktitel können nicht über den Lautsprecher der Apple Watch wiedergegeben werden.

Wenn Sie in der Musik-App weiter nach unten scrollen, finden Sie verschiedene Kategorien, wie z. B. *Playlists*, in denen die Musik einsortiert ist und ausgewählt werden kann. Sobald Sie eine Kategorie ausgewählt haben, können Sie die Inhalte direkt abspielen ❹ oder sich zuerst einen Musiktitel ❺ aussuchen, wenn Sie nach unten scrollen, und diesen dann abspielen.

  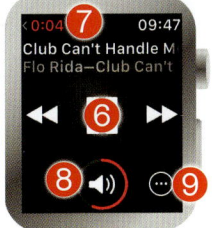 

Ein Musiktitel wird auf dem iPhone wiedergegeben und mit der Apple Watch gesteuert.

Die Abspielsteuerung ❻ enthält die bekannten Bedienelemente zum Starten, Pausieren, Vor- und Rückwärtsspulen. Wenn Sie die Steuerung verlassen wollen, um z. B. einen anderen Titel abzuspielen, dann tippen Sie links oben auf die abgelaufene Spielzeit ❼. Damit kommen Sie zurück zur Übersicht. Die Lautstärke ❽ lässt sich mit der digitalen Krone verändern. Drehen Sie dazu an der Krone, um die Musik lauter bzw. leiser zu machen. Die Abspielsteuerung enthält auch noch ein Optionsmenü ❾, in dem Sie den aktuellen Titel entfernen ❿ und kommentieren ⓫ können.

In der Musik-App gibt es auch noch ein zusätzliches Menü, das Sie via Force Touch öffnen können. Wenn Sie das Force-Touch-Menü in der Wiedergabesteuerung öffnen, dann lassen sich die Musiktitel in zufälliger Reihenfolge Ⓐ wiedergeben und automatisch wiederholen Ⓑ. Außerdem können Sie jederzeit die Musikquelle Ⓒ wechseln und das Abspielen der Musik auf ein AirPlay-Gerät Ⓓ in Reichweite Ⓔ legen, wie z. B. auf ein Apple TV. Sollten Sie das Force-Touch-Menü außerhalb der Wiedergabesteuerung, aber innerhalb der Musik-App öffnen, steht Ihnen noch die Option zum direkten Wechseln des aktuellen Titels Ⓕ zur Verfügung. Damit gelangen Sie sehr schnell zur Wiedergabesteuerung zurück.

> **!** Wenn Sie außerhalb der Musik-App zur Wiedergabesteuerung des aktuellen Titels wollen, öffnen Sie das **Dock** mit der **Seitentaste**. Scrollen Sie im Dock ganz nach rechts; dort finden Sie den aktuellen Titel bzw. die Wiedergabesteuerung Ⓖ.

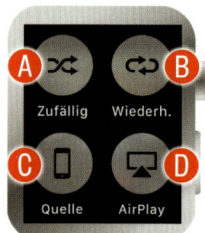

Im Force-Touch-Menü und im Dock können Sie jederzeit die Wiedergabesteuerung des aktuellen Titels aufrufen.

Es gibt noch eine Alternative, um die Musiksteuerung direkt aufzurufen. Für die Musik-App gibt es nämlich eine Zifferblattkomplikation, die nicht nur den Namen des aktuellen Titels anzeigt, sondern auch direkt die Wiedergabesteuerung öffnet.

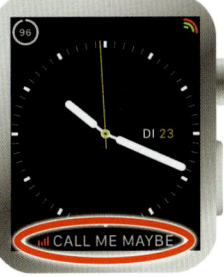

Für die Musik-App gibt es auch eine Zifferblattkomplikation.

Besonderheit: Time Travel

Time Travel ist keine Spezialfunktion für die App *Musik*, sondern eine Option für bestimmte Komplikationen, um eine Zeitreise in die Vergangenheit oder Zukunft durchzuführen.

Anhand der Musik-Komplikation ist die Funktion leicht zu erklären: Zunächst einmal muss *Time Travel* aktiv sein. Sie stellen es in der Watch-App auf dem iPhone ein (*Meine Uhr –> Mitteilungen –> Uhr*). Weiterhin sollten Sie nun die Musik-Komplikation in Ihr Zifferblatt integrieren.

Time Travel in Aktion: Indem Sie an der digitalen Krone drehen, können Sie eine Zeitreise durchführen. Dabei sehen Sie, dass sich sowohl die Musik-Komplikation als auch die Aktivitätsdaten ändern.

So können Sie also bequem nachschauen, welche Musik Sie vor einer oder drei Stunden gehört haben. :-) Probieren Sie beispielsweise neben der Musik-Komplikation auch mal die *Wetter-*, *Kalender-* oder *Erinnerungen*-Komplikation damit aus. Bei diesen Komplikationen kann zudem ein Ausflug in die Zukunft ganz interessant sein.

Stoppuhr

Ein klassisches Einsatzgebiet einer Uhr ist das Stoppen der Zeit. Dementsprechend hat auch die Apple Watch eine integrierte Stoppuhr in Form einer App. Die Stoppuhr ist sehr einfach aufgebaut und hat nur zwei Bedienelemente: einen Knopf zum Starten und Stoppen ❶, und einen Knopf für die Zwischenzeit und für das Löschen ❷ der Zeit. Das Aussehen der Stoppuhr kann geändert werden, wenn Sie das Force-Touch-Menü öffnen. Dort haben Sie dann die Auswahl zwischen vier verschiedenen Ansichtsarten der Stoppuhr.

Links sehen Sie die digitale und in der Mitte die analoge Stoppuhr, die Sie jederzeit über das Force-Touch-Menü (rechts) öffnen können.

Für die Stoppuhr gibt es auch eine Zifferblattkomplikation. Falls Sie die Stoppuhr sehr oft benötigen, ist es ratsam, dafür die Komplikation für das Zifferblatt einzustellen. Dadurch haben Sie einen sehr schnellen Zugriff auf die Stoppuhr, und es wird auch die aktuelle Zeit der Stoppuhr im Zifferblatt angezeigt.

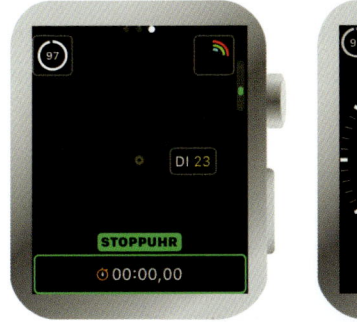

Für die Stoppuhr gibt es eine Zifferblattkomplikation (links), die die aktuelle Zeit direkt im Zifferblatt anzeigt (rechts).

Timer

Der Timer ist eine sehr nützliche App. Mit der Timer-App können Sie einen Countdown über eine bestimmte Zeitspanne starten. Der Timer kann z. B. sehr nützlich sein, um die Parkzeit Ihres Autos nicht zu überschreiten. Auch beim Kochen oder Backen kann der Timer sehr hilfreich sein.

Wenn Sie die Timer-App starten, sehen Sie zu Beginn nur vier voreingestellte Zeiten, die den Timer sofort mit der angezeigten Zeitspanne in Gang setzen. Wenn Sie aber mit der Krone nach unten scrollen, finden Sie die Schaltfläche *Beliebig*. Mit deren Hilfe lässt sich eine eigene Zeitspanne einstellen. Verwenden Sie die Krone, um die Zeitspanne genau festzulegen.

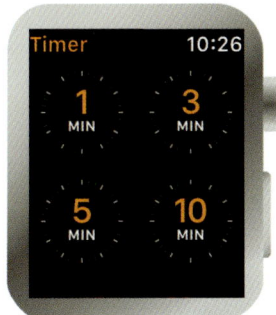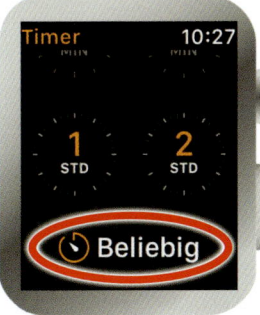

In der Timer-App lassen sich auch eigne Countdowns definieren.

Auch für die Timer-App gibt es eine Zifferblattkomplikation. Damit können Sie nicht nur den Timer sofort öffnen, sondern die Komplikation zeigt Ihnen auch die verbleibende Zeit eines gestarteten Countdowns an.

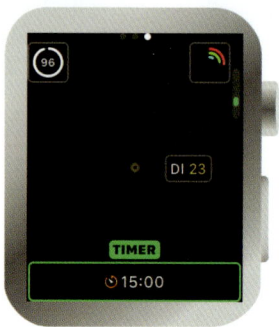

Die Zifferblattkomplikation für den Timer.

Wecker

Während die Timer-App eine Zeitspanne erfasst, nach deren Ablauf ein Alarm ertönt, ist der Wecker dazu gedacht, einen Alarm zu einer bestimmten Uhrzeit auszulösen. Wenn Sie die Wecker-App zum ersten Mal öffnen, ist sie noch leer. Tippen Sie auf *Neuer Wecker* ❶, um anschließend eine neue Weckzeit zu bestimmen. Um die Zeit einzustellen, tippen Sie auf die Stunden bzw. Minuten und drehen dann an der Krone. Danach tippen Sie auf *Stellen* ❷, um den Wecker zu speichern. Wollen Sie einen weiteren Wecker haben, wiederholen Sie den Vorgang. In der Übersicht lassen sich dann die gespeicherten Wecker jederzeit ein- und ausschalten ❸.

In der Wecker-App lassen sich beliebig viele Weckzeiten einrichten.

Ein gespeicherter Wecker kann jederzeit nachträglich geändert werden. Wenn Sie ihn in der Übersicht antippen, dann können Sie die Uhrzeit ❹ ändern, eine Wiederholung ❺ festlegen und sogar eine Beschreibung ❻ definieren. Wenn Sie den Wecker regelmäßig verwenden wollen, dann haben Sie die Auswahl zwischen *Täglich, An Wochentagen* und *An Wochenenden* ❾. Die Taste *Schlummern* ❼ deaktiviert den Wecker. Wenn Sie weiter nach unten scrollen, finden Sie auch die *Löschen*-Funktion ❽, um den Wecker aus der Liste zu entfernen.

Ein Wecker lässt sich nachträglich noch bearbeiten.

Wie bei fast allen Apps gibt es auch für den Wecker eine Zifferblattkomplikation. Diese kann die App öffnen und zeigt den aktuellen Wecker an.

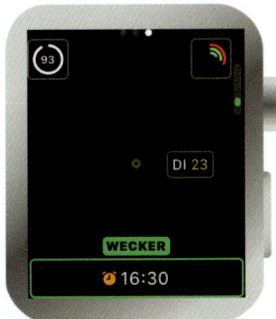

Die Komplikation für die Wecker-App.

Weltuhr

Es gibt noch eine App, die etwas mit Zeit zu tun hat: die Weltuhr. Wenn Sie sehr viel unterwegs sind oder Freunde und Verwandte in einer anderen Zeitzone haben, ist es hilfreich, die aktuelle Ortszeit in den jeweiligen Zeitzonen bzw. Städten zu kennen. Bevor Sie die Weltuhr-App auf der Apple Watch öffnen, sollten Sie Ihr iPhone zur Hand nehmen. Auf dem iPhone in der App *Uhr* legen Sie bei *Weltuhr* nämlich fest, welche Zeitzonen bzw. Städte die Weltuhr auf der Apple Watch anzeigen soll.

Um eine neue Stadt hinzuzufügen, müssen Sie in der Uhr-App auf dem iPhone den Bereich *Weltuhr* ❶ anwählen und danach auf das Plussymbol ❷ rechts oben tippen. Geben Sie anschließend die Stadt an, deren Ortszeit in der Weltuhr angezeigt werden soll. Wiederholen Sie den Vorgang, um weitere Städte hinzuzufügen.

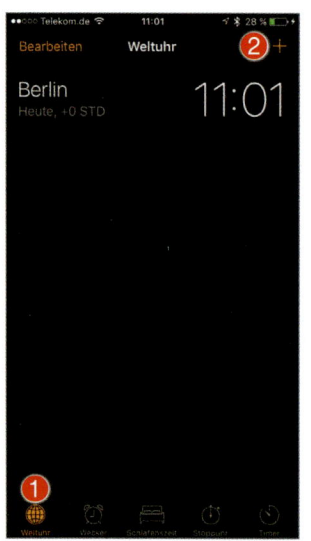  

Zuerst legen Sie auf dem iPhone die Städte für die Weltuhr an.

Haben Sie auf dem iPhone die gewünschten Städte angelegt, können Sie die Weltuhr-App auf der Apple Watch öffnen. Dort sehen Sie in der Übersicht die gleichen Städte wie auf dem iPhone. Wenn Sie eine Stadt antippen, erhalten Sie zusätzliche Informationen über den Sonnenaufgang und -untergang. Außerdem können Sie anhand der Weltkarte sehen, ob es in der jeweiligen Stadt noch Nacht ist.

Die App „Weltuhr" auf der Apple Watch.

Die jeweiligen Ortszeiten der anderen Städte lassen sich auch direkt im Zifferblatt anzeigen. Für die Weltuhr-App gibt es nämlich eine Zifferblattkomplikation. In der Komplikation wählen Sie dann aus, welche Ortszeit permanent im Zifferblatt eingeblendet sein soll.

Mithilfe der Komplikationen (links) wird die Uhrzeit von New York im Zifferblatt angezeigt (rechts).

Freunde

Auf dem iPhone gibt es eine App mit dem Namen *Freunde*. Mithilfe dieser App können Sie den Standort von Freunden, Bekannten und Verwandten sehen. Allerdings müssen Sie die Erlaubnis zur Standortortung von den jeweiligen Personen haben. Diese App ist z. B. hilfreich, wenn Sie wissen wollen, wo sich Ihre Kinder gerade befinden. Auf dem iPhone wird die Standortortung eingerichtet, und auf der Apple Watch können Sie dann in der Freunde-App die jeweiligen Standorte Ihrer Freunde und Verwandten einsehen.

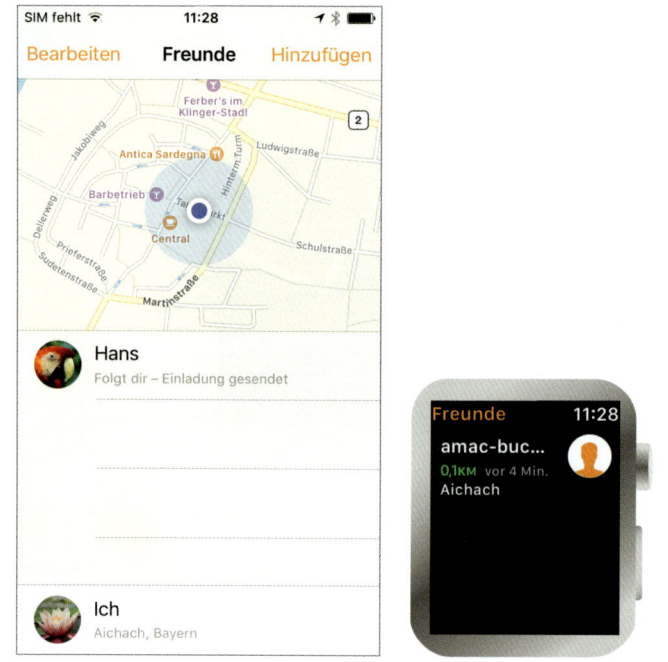

Wenn Sie in der App „Freunde" auf dem iPhone (links) den Standort von Personen verfolgen, können Sie in der gleichnamigen App auf der Apple Watch (Mitte) die Position von Freunden und Verwandten sehen.

Wenn Sie noch mehr über die App *Freunde* auf dem iPhone erfahren wollen, dann empfehle ich Ihnen das Buch „Apple-ID & iCloud". In diesem Buch wird diese App detailliert beschrieben.

„Apple-ID & iCloud" (ISBN 978-3-95431-034-0) für € 16,95 vom amac-buch Verlag.

Remote

Remote ist das englische Wort für „Fernbedienung". Mit der Remote-App auf der Apple Watch haben Sie eine Fernbedienung z. B. für Apple TV und für iTunes auf dem Computer. Wenn Sie die App starten, tippen Sie auf *Gerät hinzufügen*. Damit wird ein vierstelliger Code angezeigt, denn Sie nun auf dem Apple TV bzw. in iTunes angeben müssen, um die Apple Watch mit dem jeweiligen Gerät zu verbinden.

Auf dem Apple TV müssen Sie dazu *Einstellungen –> Fernbedienungen und Geräte* öffnen, und in iTunes auf dem Rechner tippen Sie auf das Remotesymbol in der Symbolleiste. Anschließend geben Sie den Code ein, der auf der Apple Watch angezeigt wird. Ist die Verbindung hergestellt, können Sie auf der Apple Watch die Steuerung von iTunes bzw. dem Apple TV übernehmen.

Die Verbindung zu iTunes wird hergestellt, …

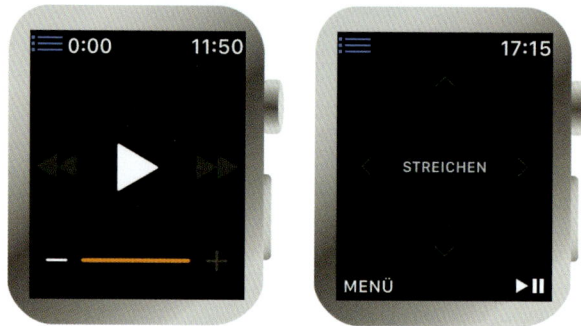

… und die Steuerung der Mediathek (links) oder vom Apple TV (rechts) kann von der Apple Watch aus durchgeführt werden.

Die hinzugefügten Geräte lassen sich auch wieder entfernen. Wenn Sie die Übersicht der Geräte öffnen und einen Force Touch ausführen, erhalten Sie die Funktion *Bearbeiten*. Öffnen Sie diese Funktion, und tippen Sie anschließend auf das x-Symbol, um das Gerät aus der Remote-Liste zu entfernen.

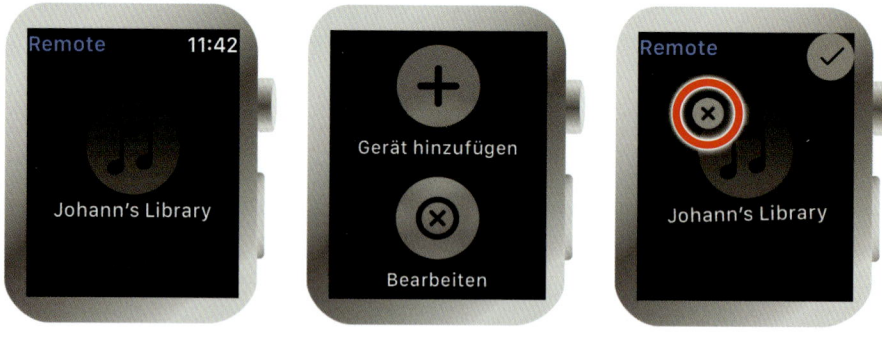

Via Force Touch kann ein Gerät aus der Remote-Liste wieder entfernt werden.

Interessante Apps

Neben den Standard-Apps der Apple Watch können Sie jederzeit noch zusätzliche Apps installieren. Es gibt einen eigenen App Store für die Apple Watch. Diesen finden Sie in der Watch-App auf dem iPhone. Der App Store für die Apple Watch ist noch recht überschaubar, wächst aber mit jedem Tag.

Die Apps im App Store der Apple Watch sind eigentlich iPhone-Apps, die einen Ableger für die Apple Watch haben. Wenn Sie also eine App installieren, erhalten Sie gleichzeitig immer auch eine iPhone-App.

Sie können auch den regulären App Store für das iPhone verwenden, um Apps für die Apple Watch zu erwerben. Wenn Sie im App Store eine App gefunden haben, sehen Sie direkt unterhalb des Titels die Bezeichnung *Bietet Apple Watch-App*. Dies ist ein Hinweis darauf, dass es für diese App auch einen kleinen Bruder für die Apple Watch gibt, der jederzeit nachinstalliert werden kann (siehe Kapitel 3 ab Seite 33).

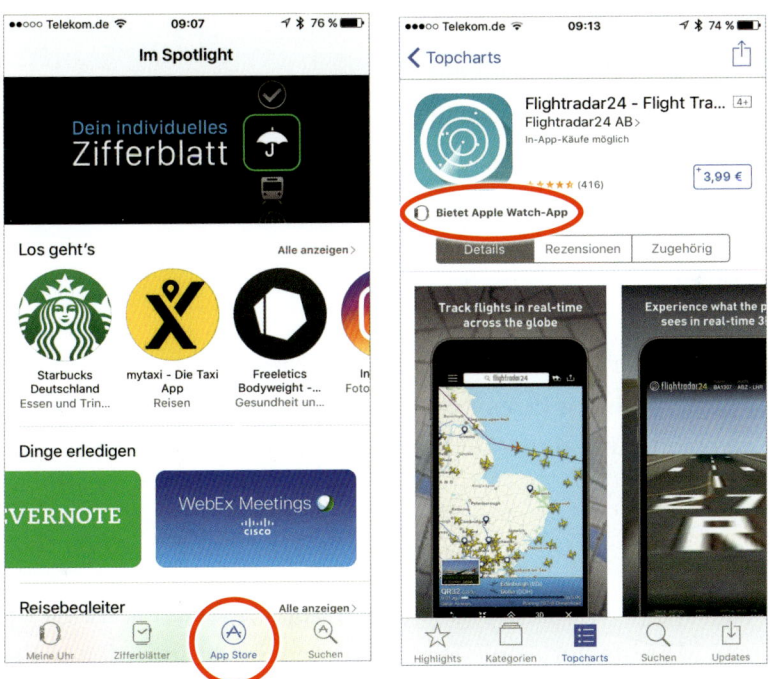

Für die Apple Watch gibt es einen eigenen App Store (links).
Sie können aber auch den regulären App Store des iPhone verwenden, um Apps für die Apple Watch zu erwerben (rechts).

Der App Store bietet Apps aus verschiedenen Bereichen. Deswegen folgt hier eine kleine Auswahl an Apps, die interessant für Sie sein könnten:

Lufthansa

Mit dieser App haben Sie alle Daten für Ihren Flug immer auf der Apple Watch parat. Nicht nur die Flugdaten und der Flugplan können aufgerufen werden, sondern auch Informationen über den Check-in wie das Gate oder der Zeitpunkt des Check-in.

Runtastic PRO

Runtastic ist eine sehr bekannte App auf dem iPhone, mit deren Hilfe Sie Ihr Training aufzeichnen und verwalten können. Zu dieser App gibt es einen kleinen Bruder für die Apple Watch. Damit können Sie direkt auf der Apple Watch Ihr Training starten und während des Trainings die wichtigen Daten wie Zeit, Strecke oder Geschwindigkeit ablesen.

mytaxi

mytaxi ist eine App, mit der Sie nicht nur ein Taxi rufen, sondern auch gleich mit der App bezahlen können. Zusätzlich können Sie auf einer kleinen Karte sehen, wo sich das „mytaxi" gerade befindet.

DB Navigator

Diese App ist von der Deutschen Bahn kann Ihnen die An- und Abfahrtszeiten von Zügen und S-Bahnen Ihres Reiseplans anzeigen. Der Reiseplan wird in der iPhone-App erstellt und dann auf der Apple Watch eingeblendet.

Keynote

Für Keynote, die Präsentationssoftware von Apple, gibt es auch eine App für die Apple Watch. Mithilfe der Apple Watch können Sie dann laufende Präsentationen steuern. Eine Fernbedienung wird damit überflüssig.

Meine Bank

Mit dieser App haben Sie Ihre Konten immer im Blick. Auf der Apple Watch wird nicht nur der aktuelle Kontostand angezeigt, sondern Sie haben auch noch einen Navigator, der Sie zur nächsten Filiale leitet.

1Password

Diese App ist sehr bekannt und besonders auf dem Mac sehr weit verbreitet. 1Password ist ein Programm zum Speichern von Zugangsdaten bzw. ganz allgemein von wichtigen Daten, wie z. B. Kreditkarten oder Seriennummern von Software. Mit der Apple-Watch-App lassen sich einige der gespeicherten Daten direkt abrufen, z. B. die Kreditkarteninformationen oder gesicherte Notizen.

Bring! Einkaufsliste

Wie der Name schon verrät, ist dies eine App, mit der Sie Einkaufslisten erstellen bzw. verwalten können. Mit ihr lassen sich auf der Apple Watch die verschiedenen Einträge einer Einkaufsliste anzeigen und abarbeiten.

iTranslate

Eine App für unterwegs! Diese App ist ein Übersetzungscomputer an Ihrem Handgelenk. Wenn Sie in einem fremden Land unterwegs sind, können Sie per Spracheingabe Wörter und Sätze übersetzen lassen.

Onefootball

Diese App kann Ihnen die aktuellen Ergebnisse der Fußball-Bundesliga auf dem Handgelenk anzeigen. Sie zeigt auch alle laufenden Spiele und Informationen rund um die Spiele an.

FAZ.NET

Wenn Sie sich die Nachrichten der Frankfurter Allgemeinen Zeitung auf der Apple Watch anzeigen lassen wollen, brauchen Sie diese App. Sie zeigt die Informationen zu den aktuellen Ereignissen an.

Kapitel 6 Aktivität

Gesundheit und Aktivität

Ein großer Mehrwert, den die Apple Watch hat, ist die Nutzung als Fitness- und Gesundheitsarmband. Mithilfe der Sensoren der Apple Watch und des iPhone können Sie Ihr Training bzw. Ihre Aktivitäten aufzeichnen und noch zusätzlich Ihre Gesundheit überwachen lassen. Die Apple Watch hat dafür mehrere Apps.

Training

Die App *Training* (Workout) ist für das Aufzeichnen von verschiedenen sportlichen Aktivitäten gedacht. Je nach gewählter Sportart lassen sich damit unterschiedliche Werte aufzeichnen, z. B. Zeit, Strecke, Puls oder Geschwindigkeit. Die App bietet zehn (zwölf bei der Apple Watch Series 2) verschiedene Sportarten, die aufgezeichnet werden können:

- Gehen outdoor
- Laufen outdoor
- Rad outdoor
- Gehen indoor
- Laufen indoor
- Rad indoor
- Beckenschwimmen (Nur Series 2)

- Freiwasserschwimmen (Nur Series 2)
- Crosstrainer
- Rudergerät
- Stepper
- Sonstiges (In diese Kategorie fallen alle sonstigen sportlichen Aktivitäten.)

Die App „Training" enthält verschiedene Sportarten. Sonstige Trainings können nach dem Abschluß zusätzlich benannt werden (rechts).

Zudem gibt es viele weitere Trainings-App im App Store (z. B. Runtastic, Runkeeper etc.), die ebenfalls Apple-Watch-Versionen beinhalten. Sie können natürlich auch damit Ihr Training aufzeichnen. Die gemessenen Werte werden ebenfalls in die Aktivität-App übernommen und helfen Ihnen, ihre drei Aktivitäts-Ringe zu füllen.

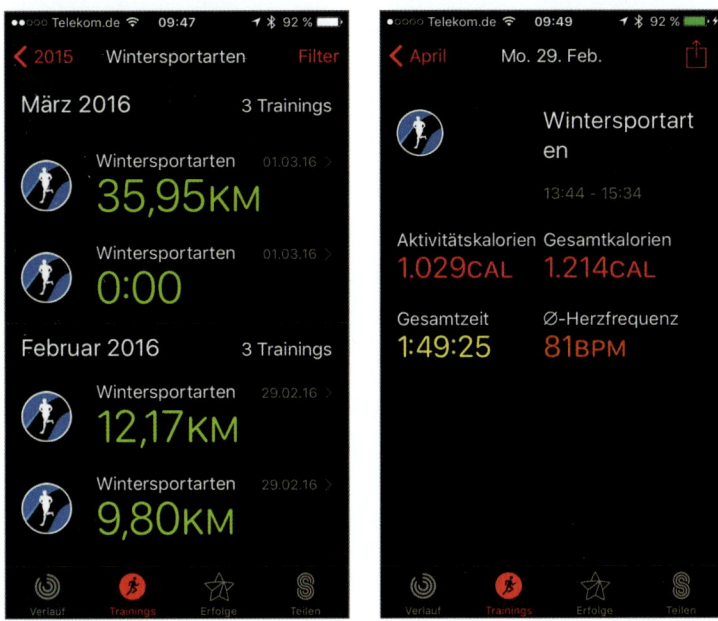

Drittanbieter-Trainings-Apps können ebenfalls zum Aufzeichnen von Trainings verwendet werden.

Training starten

Bevor Sie mit dem ersten Training beginnen, sollten Sie prüfen, ob in *Meine Uhr –> Datenschutz –> Bewegung & Fitness* beide Funktionen aktiviert sind.

Über die „Herzfrequenz" wird der Kalorienverbrauch ermittelt. Sie sollten deshalb beide Funktionen aktiviert lassen. Mit „Kalibrierungsdaten zurücksetzen" können Sie den Lernprozess der Apple Watch (Herzfrequenz zu Kalorien etc.) wieder neu starten. Haben Sie „Herzfrequenz" deaktiviert, findet keine Messung mehr auf der Watch statt. Für die Berechnung des Kalorienverbrauches sollten zudem die Daten „Größe" und „Gewicht" in „Meine Uhr –> Health" noch korrekt eingestellt sein.

Wenn Sie ein Training – und damit die Aufzeichnung – beginnen wollen, müssen Sie nur auf die gewünschte Sportart tippen. Die Trainingsarten, die Sie in der Vergangenheit am häufigsten verwendet haben, werden am Beginn der Liste aufgeführt. Wollen Sie das vorhergehende Training erneut durchführen, dann können Sie direkt auf *Schnellstart* tippen. Damit wird sofort die Aufzeichnung gestartet.

Via „Schnellstart" kann es sofort losgehen. Schnellstart verwendet die Traininigsart, die Sie am meisten benutzen.

Wenn Sie mit anderen Einstellungen trainieren wollen, dann tippen Sie einfach auf die Sportart. Bevor Sie die Aufzeichnung starten, müssen Sie noch ein Trainingsziel definieren. Sie können als Ziel zwischen *Aktivitätskalorien*, *Zeit* und *Strecke* wählen. Wenn Sie also z. B. nur 60 Minuten trainieren wollen, dann wählen Sie *Zeit*. Das Trainingsziel kann gewechselt werden, wenn Sie das Display nach links bzw. rechts verschieben. Es gibt auch ein *Offenes Ziel*, d. h. ohne Zielvorgabe. So ein Training müssen Sie später manuell wieder beenden.

Aus diesen Trainingszielen können Sie wählen. Beim Beckenschwimmen (ganz rechts) kann zusätzlich die Beckenlänge angegeben werden.

 Als Motivation werden direkt unterhalb der Trainingsziele die bisherigen Rekorde anzeigt, die Sie in der Vergangenheit aufgestellt haben.

Mit den Plus- und Minustasten können Sie das Trainingsziel einstellen. Wenn Sie dann auf *Start* tippen, wird nach einem Countdown von drei Sekunden die Aufzeichnung gestartet.

 Ein Wort noch zu den Kalorien: Selbstverständlich handelt es sich hierbei um „kcal" – also Kilokalorien. In den USA ist es üblich, dies mit „Cal" abzukürzen. Wenn Sie also 1 Sunde Fahrrad fahren, werden Sie ca. 300–400 cal (also eigentlich Kilokalorien) verbrennen; beim Laufen sind es im Regelfall 700–800 kcal je Stunde.

Während des Trainings

Während des laufenden Trainings zeigt Ihnen die Apple Watch unterschiedliche Daten an. So können Sie z. B. die Herzfrequenz und natürlich die verstrichene Zeit ablesen. Für die Anzeige der Daten gibt es unterschiedliche Darstellungsarten. Man kann entweder eine kompakte Anzeige mit mehreren Messdaten gleichzeitig verwenden oder sich die Daten einzeln anzeigen lassen.

Die erste und zweite Abbildung zeigen nur jeweils einen Messwert an, während auf dem dritten und vierten Bild mehrere Werte gleichzeitig angezeigt werden. Dabei können Sie durch Drehen der Krone einen Wert farbig hervorheben. Während eines Schwimmtrainings wird das Display gesperrt (ganz rechts). Durch Drehen der digitalen Krone werden Wasserrückstände aus dem Lautsprecher heraus befördert und die Sperre aufgehoben.

Die Anzeigeart verändern Sie in der Watch-App auf dem iPhone. Im Bereich *Workout* können Sie bei *Trainingsansicht* ❶ die Anzeige von *Mehrere Messwerte* ❷ auf *Ein Messwert* ❸ umstellen. Wenn Sie *Mehrere Messwerte* gewählt haben, können Sie im unteren Bereich ❹ festlegen, welche Messwerte bei den einzelnen Sportarten in der Kompaktansicht angezeigt werden sollen ❺. Tippen Sie dazu auf *Bearbeiten* ❻, und verschieben Sie den gewünschten Wert in den Bereich *Messwerte* oder *Nicht anzeigen*. Auf diese Weise können Sie sich Ihre eigene Anzeige konfigurieren.

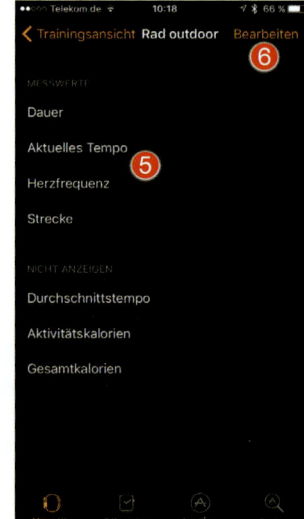

Die Trainingsanzeige auf der Apple Watch kann individuell definiert werden.

Wenn Sie sich für die Anzeige mit nur einem Messwert entscheiden, können Sie während des Trainings den Messwert wechseln, wenn Sie an der **Krone** drehen.

Falls Sie während des Trainings eine andere Funktion der Apple Watch aufgerufen haben, können Sie sehr schnell vom Zifferblatt ausgehend wieder zum Trainingsdisplay zurückkehren. Im Zifferblatt wird am oberen Rand ein grünes Laufmännchen angezeigt – als Hinweis darauf, dass gerade ein Training aufgezeichnet wird. Wenn Sie auf das Männchen tippen, springen Sie direkt zum Training zurück.

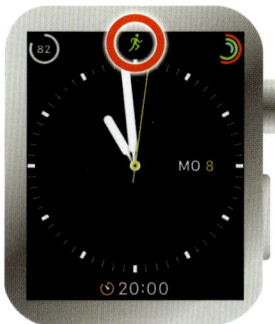

Die Aufzeichnung für ein Training läuft gerade.

 Weiterhin erhalten Sie bei einem Geh- oder Lauftraining bei jedem Kilometer ein kurzes haptisches und akustisches Signal. Beim Radfahren bekommen Sie alle fünf Kilometer eine Rückmeldung.

Ein Training pausieren, beenden und sichern

Da Sie nun wissen, wie man eine Aufzeichnung bzw. ein Training startet, sollten Sie auch wissen, wie man es wieder beendet bzw. unterbricht. Wenn Sie für das Training ein Ziel (z. B. eine bestimmte Zeit) eingestellt haben, erhalten Sie nach dem Erreichen des Ziels ein Signal, aber die Aufzeichnung wird trotzdem fortgeführt. Aus diesem Grund müssen Sie die Aufzeichnung manuell beenden. Wenn Sie das Display mit dem Finger nach rechts verschieben, werden die Optionen zum *Beenden* Ⓐ und *Anhalten* Ⓑ des Trainings sichtbar.

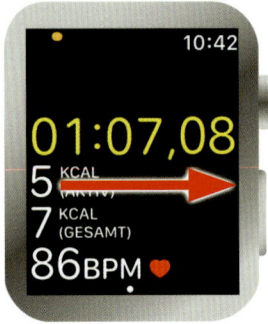 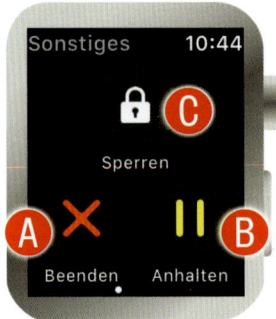 

Wird das Display nach rechts verschoben, finden Sie die Optionen. Die Funktion Sperren wird bei der Series 2 durch einen Wassertropfen symbolisiert. Bei den Schwimmtrainings funktioniert das Wischen allerdings nicht, da das Display automatisch gesperrt wird. Aber mit dem nachstehenden Tipp funktioniert es auch beim Schwimmen.

 Um das Training pausieren zu lassen, können Sie auch die **Krone** und die **Seitentaste** gleichzeitig drücken. Zum Fortsetzen des Trainings drücken Sie die beiden Tasten erneut.

Das Display kann auch während des Trainings manuell gesperrt **C** werden. Damit verhindern Sie, dass die Aufzeichnung aus Versehen beendet oder unterbrochen wird. Die Sperre kann wieder aufgehoben werden, wenn Sie an der *Krone* drehen.

Haben Sie ein Training beendet **A**, erhalten Sie eine Übersicht über die verschiedenen Messdaten. Wenn Sie dort ganz nach unten scrollen, können Sie die Aufzeichnung *Sichern* **D** oder *Löschen* **E**. Bei einer Sicherung wird das Training in der App *Aktivität* auf dem iPhone gespeichert und kann nachträglich eingesehen werden (siehe Seite 147).

 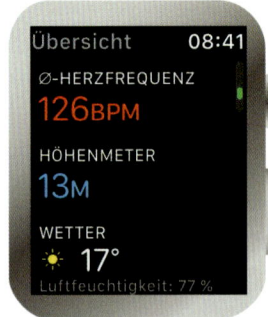 

Nach Beendigung des Trainings erhalten Sie eine Übersicht.

Strom sparen

Ein wichtiger Punkt beim Aufzeichnen eines Trainings ist der Stromverbrauch der Apple Watch. Während der Aufzeichnung wird nicht nur die Strecke gemessen, sondern auch die Herzfrequenz (ca. zwölf Mal in der Minute; im normalen Betrieb erfolgt eine Messung alle paar Minuten!). Die Apple Watch nutzt dazu die Sensoren, die auf der Unterseite der Uhr angebracht sind. Diese Sensoren benötigen einiges an Strom. Wenn Sie also vorhaben, ein längeres Training zu absolvieren (mehr als drei Stunden), dann sollten Sie die Apple Watch vorher komplett geladen haben, da Ihnen ansonsten unterwegs der „Saft" ausgeht und die Aufzeichnung nicht fortgeführt werden kann.

Es gibt ein paar Maßnahmen, die Sie ergreifen können, um den Stromverbrauch zu reduzieren. Eine davon wäre die Aktivierung des *Stromsparmodus*. Damit zeichnet die Watch zwar immer noch die Zeit und die Strecke auf, aber keine Herzfrequenz mehr. Der *Stromsparmodus* wird in der Watch-App auf dem iPhone bei *Workout* aktiviert.

Der „Stromsparmodus" reduziert den Stromverbrauch während des Trainings.

Eine andere Maßnahme, die am meisten Strom spart, ist die Benutzung eines Brustgurts für die Messung der Herzfrequenz. Dadurch wird praktisch die Pulsmessung ausgelagert, womit viel Energie gespart wird. Mit einem Brustgurt können Sie ohne Weiteres ein ganztägiges Training aufzeichnen, z. B. eine Radtour.

> **!** Übrigens: Wird ein Training mit **Anhalten** pausiert, dann wird die intensive Herz-frequenzmessung ebenfalls unterbrochen. Im Normalfall wird der Akku der Apple-Watch während eines Trainings mit 15–18 % je Trainingsstunde belastet (sowohl bei der Series 1 als auch bei der Series 2 inklusive der GPS-Nutzung). Bei der regulären Verwendung verbraucht die Apple Watch ca. 6–8 % Akkuleistung je Stunde.

Die Funktion *Autom. anhalten (Laufen)* hat weniger mit Stromsparen, sondern eher mit korrekter Messung beim Joggen zu tun. Ist diese Funktion eingeschaltet, dann pausiert die Zeitmessung, sobald Sie beim Laufen z. B. an einer Ampel stehen bleiben. Geht's wieder weiter, wird auch die Aktivität wieder mitproto-kolliert. Sie erhalten jeweils eine akustische Rückmeldung.

Mit oder ohne iPhone trainieren (Series 1)?

Wenn man ein Training absolviert, besonders das Laufen, kann das Mitführen des iPhone sehr störend sein. Nun stellt sich die Frage: Kann man auch ohne iPhone mit der Apple Watch trainieren? Ja, grundsätzlich funktioniert das!

Sie können die Apple Watch Series 1 auch ohne iPhone nutzen, allerdings wer-den die Streckenaufzeichnungen dadurch ungenau. Die Apple Watch Series 1 besitzt keinen eingebauten GPS-Empfänger. Aus diesem Grund werden Ent-fernungen anhand der Schritte bzw. Schrittlänge bestimmt – und wie Sie sich vorstellen können, ist das ungenauer als mit einer GPS-Ortung.

Beim ersten Outdoor-Training (Gehen oder Laufen) weist die Apple Watch Series 1 Sie auch auf diese Tatsache hin und bietet Ihnen an, ein Training mit dem iPhone zu absolvieren, um die Schrittlänge zu kalibrieren. Ist das erledigt, können Sie in Zukunft ohne iPhone joggen oder walken. Meine Erfahrung dabei ist, dass die Abweichung nach erfolgter Kalibrierung ca. bei 5 % und darunter liegt. Sind Sie also 6 km zu Fuß unterwegs gewesen, dann könnte die Apple Watch (ohne iPhone-Verwendung) auch 5,7 bzw. 6,3 km angeben. Mit dieser Abweichung kann ich durchaus leben.

Zum Kalibrieren der Schrittlänge bei der Apple Watch Series 1 sollte man ein erstes Training mit dem iPhone absolvieren.

Bei Radtouren gibt es keinerlei Streckenaufzeichnung, da man während des Radfahrens den Arm nicht bewegt. Aus diesem Grund kann die Apple Watch auch keine Schrittlänge bzw. Strecke erkennen und messen.

Wenn Sie also auf die Messung der Strecke beim Training verzichten können, dann brauchen Sie das iPhone nicht mitzunehmen. Eine genaue Streckenaufzeichnung gibt es nur im Zusammenhang mit dem iPhone.

Damit die Apple Watch Series 1 die GPS-Daten des iPhone verwenden kann, müssen Sie es gestatten. Sie können die Einstellung jederzeit nachträglich revidieren (iPhone: „Einstellungen –> Datenschutz –> Ortungsdienste –> Apple Watch Workout" bzw. „Apple Watch-Zifferblätter"). Bei der Series 2 wird standardmässig das eingebaute GPS-Modul verwendet.

 Bei der Apple Watch Series 2 können Sie einfach loslaufen oder sich aufs Fahrrad setzen, denn GPS ist dort immer aktiv und dokumentiert Ihren Workout.

Brustgurt

Eine sehr gute Ergänzung zur Apple Watch ist ein Brustgurt, der die Herzfrequenz während des Trainings misst. Der Brustgurt hat einen angenehmen
Nebeneffekt: Er verlängert die Laufzeit des Akkus der Apple Watch. Da die Apple
Watch während des Trainings mit Ihren Sensoren keine Pulsmessung durchführen muss, lässt sich eine erhebliche Menge Strom sparen.

Welcher Brustgurt wird von der Apple Watch unterstützt? Der Brustgurt muss
eigentlich nur via Bluetooth angesteuert werden können. Inzwischen gibt es eine
ganze Menge Hersteller, die ihre Brustgurte mit Bluetooth ausgestattet haben,
z. B. die Firma Polar.

Wie wird der Brustgurt mit der Apple Watch verbunden? Das geht sehr schnell
und einfach. Zuerst müssen Sie den Brustgurt anlegen. Dann öffnen Sie auf
der Apple Watch die *Einstellungen* und tippen dort auf *Bluetooth*. Die Apple
Watch beginnt nun nach Bluetooth-Geräten in der unmittelbaren Umgebung
zu suchen. Nach kurzer Zeit sollte der Gurt aufgelistet werden. Jetzt müssen Sie
ihn nur noch antippen, um die Verbindung herzustellen. Das war's schon! Ab
sofort wird der aktuelle Puls vom Brustgurt geliefert.

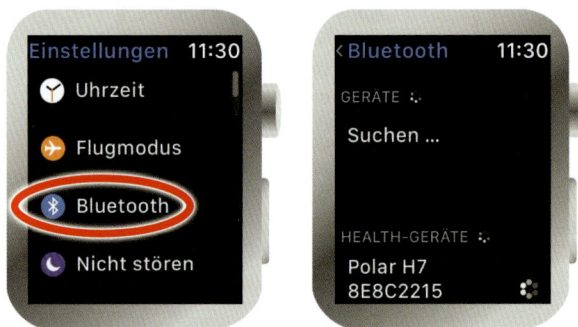

Der Bluetooth-Brustgurt wird mit der Apple Watch verbunden.

Aktivitäten

Das Aufzeichnen von Trainings ist nur ein Teil des Gesundheitskonzepts von Apple für die Apple Watch. Ein anderer Teil sind die beiden Apps *Aktivität* auf der Apple Watch und dem iPhone. Mit den beiden Apps werden nicht nur die Trainings dokumentiert, sondern auch die aktuellen Aktivitäten aufgezeichnet bzw. überwacht. Dabei werden drei Faktoren aufgezeichnet: *Bewegen*, *Trainieren* und *Stehen*.

Aktivität auf der Apple Watch

Zuerst wollen wir die Funktionen der App *Aktivität* auf der Apple Watch genauer beleuchten. Wenn Sie die App starten, sehen Sie als Erstes drei farbige, mehr oder weniger vollständige Kreise. Jeder Kreis steht für eine der Aktivitäten. Rot steht für *Bewegen*, Grün für *Trainieren* und Blau für *Stehen*. Die Länge der Kreise gibt an, wie viel Sie von der jeweiligen Aktivität am heutigen Tag bereits bewältigt haben. Wenn ein Kreis vollständig ist, haben Sie das Tagesziel erreicht.

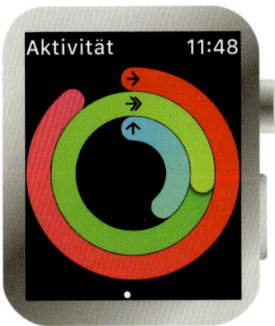

Das Aktivitätsziel ist fast erreicht (rot), und das Trainingsziel (grün) sogar schon überschritten. Das Stehziel (blau) ist noch lange nicht erreicht.

Wenn Sie nun mit der *Krone* etwas weiter nach unten scrollen, erhalten Sie genaue Zahlen über die jeweiligen Aktivitäten. Es gibt sogar Diagramme, die Ihnen anzeigen, zu welchem Zeitpunkt die Aktivitäten sehr hoch waren. Ganz unten werden die Trainings aufgelistet, die Sie heute bereits durchgeführt haben.

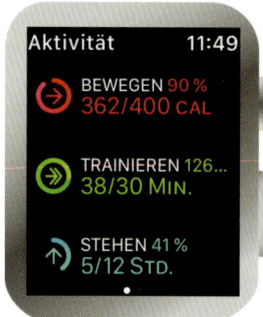  

Die Details zu den Aktivitäten erhalten Sie, wenn Sie nach unten scrollen.

Wann gilt eine Tätigkeit als „Bewegung" oder „Training"? Das hängt von Ihrem Puls ab. Ab einem Plus von ca. 100 Schlägen pro Minute wird jede Tätigkeit als „Training" erfasst. Wenn der Plus unter 100 Schlägen liegt und Sie stehen oder sich bewegen, wird dies als „Bewegung" aufgezeichnet. Die Apple Watch verwendet dazu ihre Sensoren, um zu erkennen, ob Sie sich bewegen. Wenn Sie z. B. einen Spaziergang machen, sollten Sie dabei die Arme bewegen. Diese Armbewegung kann die Apple Watch registrieren. Auf diese Weise können Sie die täglichen Bewegungsziele erreichen.

Wochenübersicht

Normalerweise wird in der Aktivität-App der aktuelle Tag angezeigt, es gibt aber auch eine *Wochenübersicht*. Die Wochenübersicht erhalten Sie, wenn Sie in der Aktivität-App einen Force Touch ausführen. In der Wochenübersicht erhalten Sie eine Bilanz der jeweiligen Daten, wenn Sie etwas weiter nach unten scrollen. Die Übersicht können Sie wieder verlassen, wenn Sie links oben auf *Fertig* tippen.

Die Wochenübersicht erhalten Sie via Force Touch. Dort könnten Sie auch Ihr Bewegungsziel ändern.

Zudem erhalten Sie normalerweise am Montagmorgen den Bericht der abgelaufenen Woche. Dort schlägt die Apple Watch Ihnen ein Bewegungsziel für die aktuelle Woche vor. Dieses Ziel können Sie natürlich manuell ändern. Der Vorschlag resultiert aus den Ergebnissen der vergangenen Wochen. Waren Sie sehr fleißig, wird das Kalorienziel sukzessive nach obern angepasst.

Ziele ändern

Um es gleich zu sagen: Sie können für die Aktivitäten *Training* (grüner Kreis) und *Stehen* (blauer Kreis) keine eigenen Zielvorgaben machen. Für das Training sind es immer 30 Minuten und für das Stehen jeweils eine Minute pro Stunde über einen Zeitraum von 12 Stunden. Und das für jeden einzelnen Tag. Allerdings kann das Ziel für die Aktivität *Bewegen* geändert werden.

Für die Aktivität *Bewegen* (roter Kreis) gibt es ein tägliches Ziel, das Sie normalerweise erreichen sollten, um gesund zu bleiben. Das Bewegungsziel wird normalerweise automatisch errechnet. Als Grundlage für die Berechnung werden die Daten herangezogen, die Sie in der App *Health* auf dem iPhone hinterlegt haben. Dazu zählen das Alter, das Geschlecht, die Größe und das Gewicht. Aus diesen Daten wird ein Bewegungsziel errechnet, mit dem Sie aber nicht leben müssen. Das Bewegungsziel kann zu jedem Zeitpunkt geändert werden. Dazu müssen Sie in der App *Aktivität* nur einen Force Touch ausführen. Anschließend wählen Sie *Bewegungsziel ändern* und geben den neuen Kalorienverbrauch ein, der als Ziel verwendet werden soll.

Das „Bewegungsziel" lässt sich jederzeit ändern.

> **!** Falls Sie Ihre persönlichen Daten (Größe, Gewicht etc.) ändern wollen, dann können Sie das auch in der Watch-App auf dem iPhone tun. Bei **Health** sind Ihre Daten hinterlegt, und dort können sie auch geändert werden.

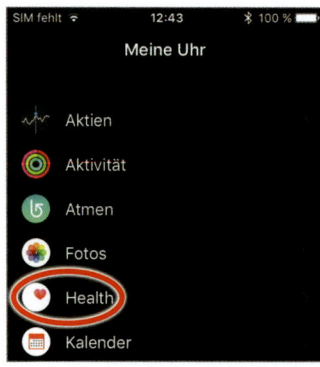 

Die persönlichen Daten können auch in der Watch-App geändert werden. Auch Rollstuhlfahrer können die Apple Watch nutzen. Über „Bearbeiten" (rechts) aktivieren Sie „Ja" bei „Rollstuhl", und schon kann es losgehen.

Zifferblatt

Seit watchOS 3 gibt es auch spezielle Zifferblätter für die Aktivitäten. In diesen Zifferblättern werden die drei Aktivitäten sehr prominent angezeigt. Dadurch lassen sich die aktuellen Werte der Aktivitäten leichter ablesen. Sie können die Zifferblätter in der Watch-App auf dem iPhone konfigurieren und auf die Apple Watch übertragen.

Die Watch-App auf dem iPhone hat spezielle Zifferblätter für die Aktivität, …

... in denen die drei Aktivitäten prominent dargestellt sind.

Sie können die Aktivitäten allerdings auch bei jedem anderen Zifferblatt als Komplikation anzeigen lassen. Dabei werden die drei Ringe für die Aktivitäten als Miniatur im Zifferblatt dargestellt. Ein Fingertipp auf die Miniatur öffnet die App *Aktivität*.

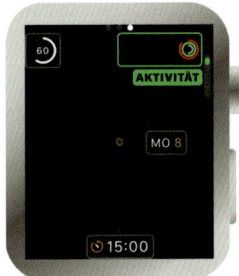

„Aktivität" gibt es auch als Zifferblattkomplikation.

Aktivität auf dem iPhone

Für die App *Aktivität* gibt es ein Gegenstück auf dem iPhone. Vielleicht haben Sie sich schon gefragt, wo die ganzen Aufzeichnungen der Trainings und Aktivitäten eigentlich landen. Die Antwort ist: in der App *Aktivität* auf dem iPhone. Diese App verwaltet alle vergangenen Aufzeichnungen.

Verlauf

Die App ist in mehrere Bereiche eingeteilt, die Sie in der Symbolleiste am unteren Rand öffnen können. Der Bereich *Verlauf* enthält eine chronologische Aufzeichnung der Daten. Standardmäßig werden die Daten des aktuellen Tages durch die drei bekannten farbigen Kreise eingeblendet. Wenn Sie etwas weiter nach unten scrollen, erhalten Sie detailliertere Informationen über *Bewegen*, *Trainieren* und *Stehen*.

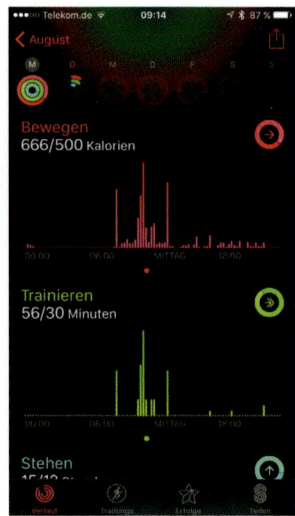

Die Daten der einzelnen Tage werden im Bereich „Verlauf" aufbewahrt.

Weiter unten sind auch alle Trainings aufgelistet, die Sie durchgeführt haben. Wenn Sie auf ein Training tippen, können Sie die genauen Informationen darüber einsehen. Darunter sind Informationen über den Kalorienverbrauch, die Trainingszeit oder die Herzfrequenz und sogar eine kleine Karte der Route, wenn Sie ein Outdoor-Training gemacht haben und das iPhone dabei war.

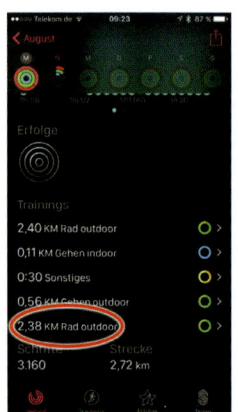

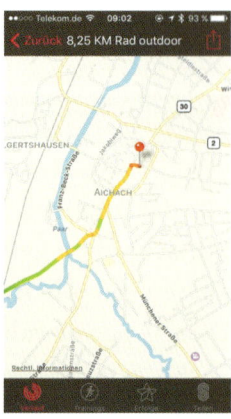

Wenn man ein Training öffnet (links), erhält man alle aufgezeichneten Daten dafür. Beim „Gehen outdoor", „Rad outdoor", „Laufen outdoor" und „Freiwasserschwimmen" (nur Series 2) wird bei einem mitgeführten iPhone bzw. bei der Apple Watch Series 2 die Route inklusive Geschwindigkeit dargestellt (rechts). Auch Rundenzeiten können angezeigt werden. Tippen Sie dazu neben dem „Ø-Tempo" auf den Pfeil nach unten.

Segment versus Rundenzeiten

Die Rundenzeiten werden von der Apple Watch automatisch erstellt. Sie können jedoch auch individuelle Zwischenzeiten aufnehmen. Dazu tippen Sie während eines laufenden Trainings bei aktivem Bildschirm doppelt auf die Anzeige. Sogleich wird ein sogenanntes Segment erstellt. Sie können beliebig viele Segmente für ein Workout erzeugen. Diese werden dann einfach durchnummeriert.

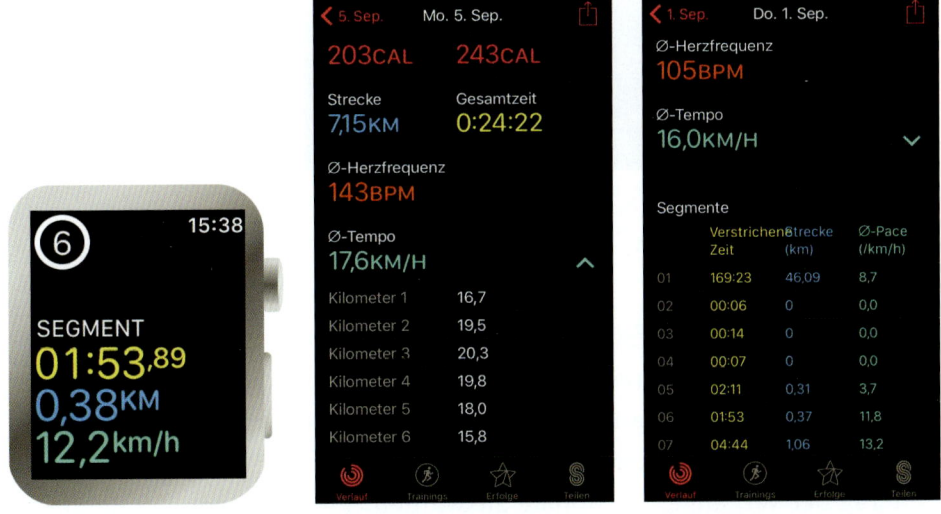

Während eines Trainings können Sie individuelle Zwischenzeiten (Segmente) erzeugen (links). In der Aktivitäts-App auf dem iPhone können Sie durch Antippen des Pfeiles entweder die Rundenzeiten oder Segmente betrachten.

Infos

Sie können auch detailliertere Informationen über die drei Aktivitätsarten einblenden. Normalerweise sehen Sie nur die jeweiligen Diagramme, an denen Sie ablesen können, zu welcher Uhrzeit die Aktivität sehr hoch war. Wenn Sie aber ein Diagramm nach links verschieben, werden die genauen Werte eingeblendet. Bei *Bewegen* sind das die *Aktivitätskalorien* und die *Gesamtkalorien*.

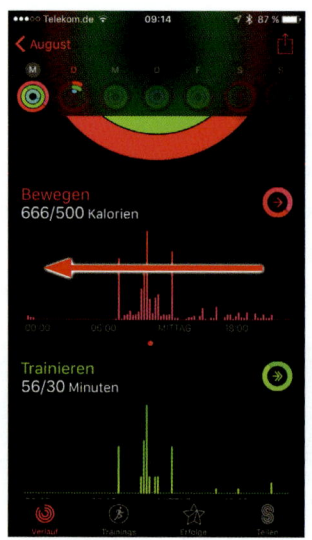

Wenn Sie das Diagramm der Aktivität, die Sie interessiert, nach links verschieben, werden die genauen Zahlen der jeweiligen Aktivität sichtbar.

Sie können auch die Aufzeichnung der vergangenen Tage, Wochen und Monate einsehen. Im oberen Bereich sind die Tage der aktuellen Woche ❶ eingeblendet. Um die Daten eines anderen Wochentags zu öffnen, müssen Sie ihn nur antippen. Links oben ❷ können Sie die Monatsansicht öffnen und dort gezielt einen Tag der vergangenen Monate auswählen. Vielleicht können Sie bei den jeweiligen Tagen in der Monatsansicht einen kleinen grünen Punkt erkennen ❸. Dieser Punkt steht für das Erreichen aller drei Aktivitätsziele am jeweiligen Tag.

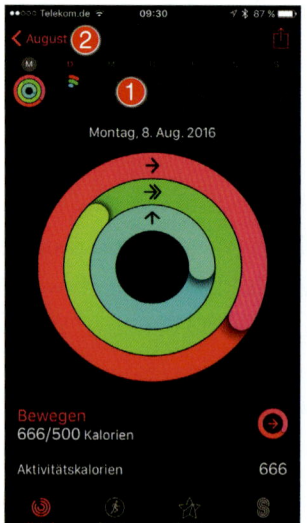

Der „Verlauf" hat eine Wochen- und eine Monatsübersicht.

Trainings

Der Bereich *Trainings* in der App listet alle Trainings auf, die Sie in der Vergangenheit absolviert haben. Dabei sehen Sie als Erstes die Monatsübersicht . Wenn Sie ein Training antippen, werden wieder die detaillierten Informationen darüber eingeblendet. Normalerweise werden alle Trainingsarten aufgelistet, wenn Sie aber z. B. nur die Lauftrainings sehen wollen, dann tippen Sie rechts oben auf *Filter* ⓑ und legen anschließend die Trainings fest. Hier werden nur die Trainingsarten angezeigt, die Sie auch wirklich durchgeführt haben. Es gibt auch eine Jahresansicht, die Sie einblenden können, wenn Sie links oben auf die Jahreszahl tippen ⓒ. In der Jahresansicht sind die Daten der jeweiligen Monate zusammengerechnet und werden übersichtlich angezeigt.

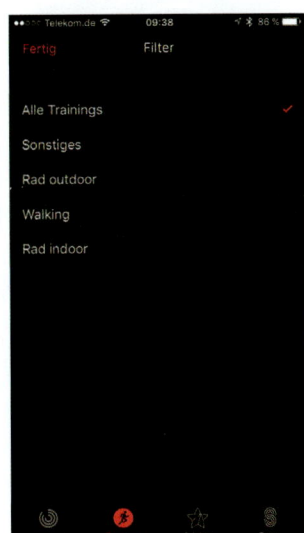

Im Bereich „Trainings" befinden sich die Aufzeichnungen aller absolvierten Trainingseinheiten inklusive einer Monatsübersicht sowie einer Filterfunktion.

Erfolge

Damit Sie die Motivation nicht verlieren, gibt es auch einen Bereich mit dem Namen *Erfolge*, der Ihre bisherigen Leistungen in Form von verschiedenen Symbolen würdigt. Immer wenn Sie einen „Meilenstein" bei der Aktivität bzw. beim Training erreicht haben, erhalten Sie eine „Medaille". Diese wird nicht nur auf der Apple Watch eingeblendet, wenn Sie einen Erfolg errungen haben, sondern lässt sich nachträglich im Bereich *Erfolge* aufrufen.

Die Medaillen, die einen kleinen blauen Punkt haben, sind neue Erfolge. Wenn Sie eine antippen, können Sie erfahren, wofür und wann Sie diese Medaille erhalten haben. Die Medaille lässt sich auch mit dem Finger drehen. Auf der Rückseite wird dann das genaue Datum angezeigt.

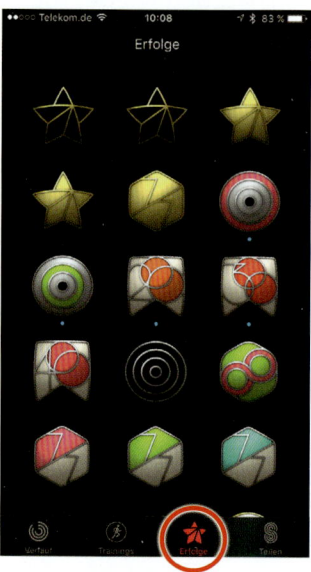

Wenn Sie einen Erfolg errungen haben, wird dieser sofort anhand einer Medaille auf der Apple Watch angezeigt (links). Eine Übersicht aller Erfolge und deren Bedeutung sehen Sie in der Aktivität-App auf dem iPhone.

Teilen

Eine weitere Motivationshilfe ist das Teilen der Erfolge und Trainings mit anderen Personen. Auf diese Weise können Sie gemeinsam mit Freunden und Familie trainieren und sich gegenseitig anspornen.

Es gibt zwei verschiedene Möglichkeiten, um die Trainings und Erfolge zu teilen. Die erste Möglichkeit wäre über die *Teilen*-Funktion rechts oben. Damit lassen sich die täglichen Aktivitäten oder einzelne Trainings per E-Mail oder Nachricht an andere Personen versenden. Dabei werden aber keine detaillierten Informationen verschickt, sondern nur ein Bild mit einem kurzen Hinweis. Nicht sehr berauschend!

Einzelne Trainings lassen sich mit der „Teilen"-Funktion per E-Mail verschicken.

Aus diesem Grund wurde mit watchOS 3 und iOS 10 eine bessere Teilen-Funktion eingeführt. In der Aktivität-App auf dem iPhone lassen sich im Bereich *Teilen* Personen hinzufügen, die Ihre täglichen Aktivitäten und Trainings mitverfolgen können.

Als Erstes müssen Sie eine Person einladen, die Aktivitäten mit Ihnen zu teilen. Tippen Sie dazu auf das Plussymbol ❶ rechts oben. Anschließend geben Sie den Namen bzw. die E-Mail-Adresse der Person an.

 Nur Personen, die eine Apple Watch und eine Apple-ID mit aktiviertem iCloud besitzen, können die Aktivitäten mit Ihnen teilen.

Nach der Eingabe des Namens bzw. der Adresse tippen Sie auf *Senden*, und der Empfänger erhält in der Aktivität-App auf dem iPhone eine Einladung zum Teilen ❷. Die Einladung muss dann nur noch vom Gegenüber angenommen werden ❸.

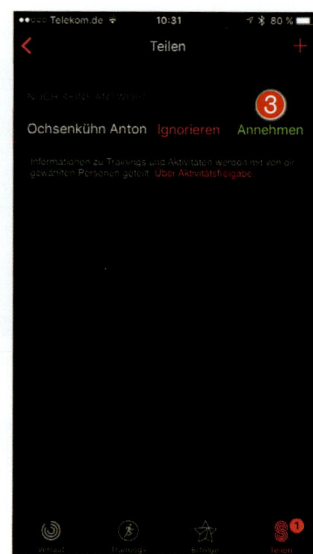

Aktivitäten lassen sich mit anderen Personen teilen.

Sobald Ihr Gegenüber die Einladung angenommen hat, werden die Aktivitätsdaten der eingeladenen Person zusammen mit Ihren eigenen angezeigt. Für detailliertere Informationen müssen Sie den Eintrag des Gegenübers nur antippen ❹, und schon sehen Sie die genauen Daten.

Die Einladung wurde angenommen. Jetzt können Sie die genauen Aktivitätsdaten der jeweiligen Person einsehen.

Weiter unten gibt es noch drei Optionen, die interessant sind. Mit *Mitteilungen stummschalten* ❺ erhält Ihr Gegenüber keine Nachricht mehr, wenn Sie ein Aktivitätsziel erreicht oder ein neues Training absolviert haben.

Eine Person, mit der Sie die Aktivitäten teilen, hat ein neues Training abgeschlossen.

Außerdem können Sie mit *Aktivität ausblenden* ❻ vorübergehend Ihre Daten für diese Person unsichtbar machen. Die Personen, mit denen Sie Ihre Aktivitäten teilen, können also die Daten momentan nicht einsehen. Und mit *Kontakt entfernen* ❼ wird die jeweilige Person vom Teilen der Aktivitäten wieder ausgeschlossen.

Mit dem Sprechblasensymbol ❽ links oben können Sie direkt eine Nachricht an die jeweilige Person versenden. Und die gesamten Kontaktdaten lassen sich mit dem Informationssymbol ❾ einblenden.

Das Teilen der Aktivitäten kann auch auf der Apple Watch verfolgt werden. Wenn Sie die Aktivität-App auf der Apple Watch öffnen und das Display nach links verschieben, sehen Sie alle Personen, mit denen Sie die Aktivitäten teilen. Wenn Sie eine davon antippen, öffnen sich die detaillierten Informationen. Dort können Sie mithilfe der *Krone* nach unten scrollen, um die jeweiligen Daten abzulesen.

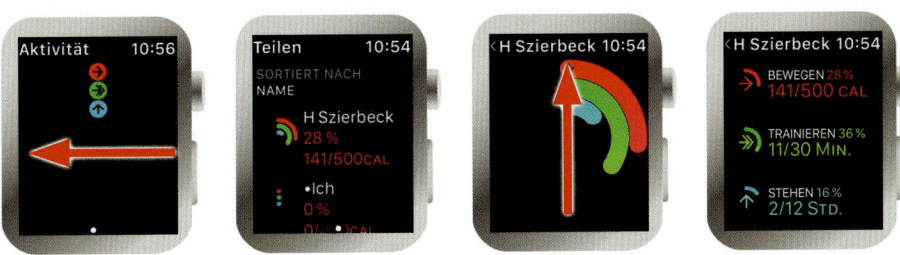

Auch auf der Apple Watch können Sie die Aktivitäten von anderen Personen einsehen.

Mitteilungen einstellen

Für die Aktivität-App auf der Apple Watch gibt es noch eine Reihe von Einstellungen, die hauptsächlich die verschiedenen Mitteilungen betreffen, die Sie auf der Apple Watch erhalten. Für die Einstellungen benötigen Sie die Watch-App auf dem iPhone. Im Bereich *Meine Uhr* bei *Aktivität* befinden sich die Einstellungen für die diversen Mitteilungen.

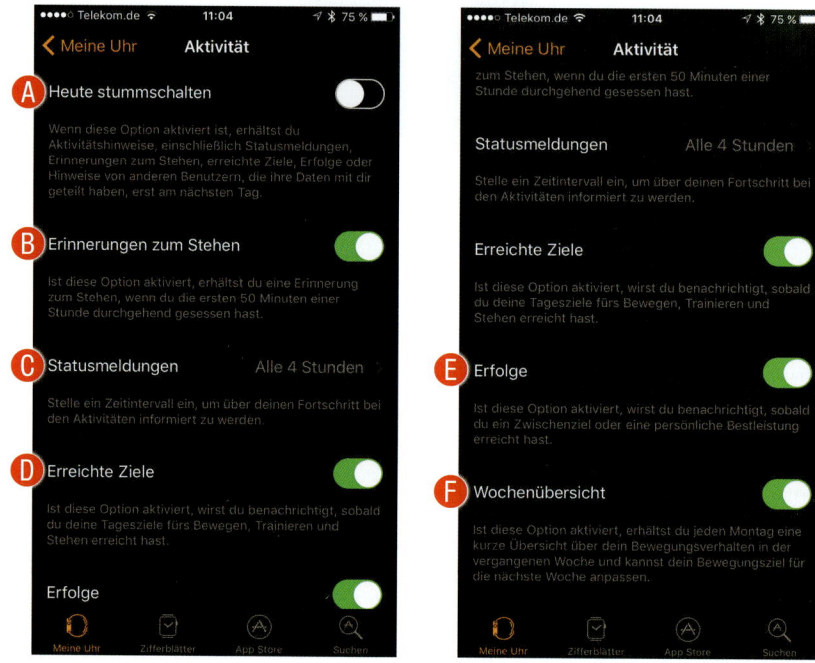

Die Einstellungen für die App „Aktivität" auf der Apple Watch.

Im Laufe eines Tages erhalten Sie auf der Apple Watch immer dann eine Mitteilung, wenn sich bei den Aktivitäten etwas geändert hat – wenn Sie also z. B. ein Ziel erreicht oder einen Erfolg errungen haben. Wenn Sie diese Mitteilungen nicht sofort auf der Apple Watch haben wollen, sondern erst am nächsten Tag, dann aktivieren Sie die Option *Heute stummschalten* Ⓐ. Zusätzlich dazu können Sie auch noch die *Erinnerungen zum Stehen* Ⓑ ausschalten. Normalerweise erhalten Sie damit auf der Apple Watch einen Hinweis, aufzustehen, wenn Sie die ersten 50 Minuten einer Stunde nur gesessen haben.

Um einen Überblick über die aktuellen Aktivitätswerte zu haben, können Sie sich in einem bestimmten Zeitintervall eine *Statusmeldung* Ⓒ auf der Apple Watch anzeigen lassen. Standardmäßig erscheint diese alle vier Stunden. Das Zeitintervall lässt sich aber ändern.

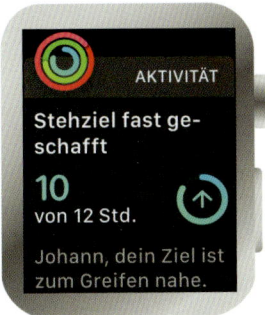

So sieht eine Statusmeldung aus.

Mit *Erreichte Ziele*  erhalten Sie auf der Apple Watch eine Mitteilung, wenn Sie eines der drei Aktivitätsziele erreicht haben. Etwas Ähnliches ist die Option *Erfolge*. Damit erhalten Sie eine Mitteilung, wenn Sie einen neuen persönlichen Erfolg erzielt oder einen alten Rekord übertroffen haben. Und wenn Sie an jedem Montag morgens eine Übersicht der Aktivitäten der vergangenen Woche erhalten wollen, dann sollten Sie die Option einschalten.

  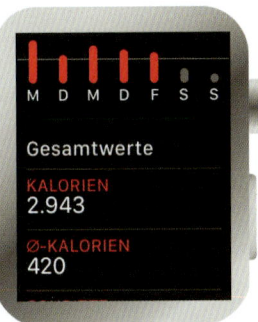

Die Mitteilungen über ein erreichtes Ziel (links) und die Wochenübersicht am Montagmorgen.

Gesundheit

Ein großes Anliegen von Apple ist es, mithilfe der Apple Watch die Gesundheit ihres Besitzers zu verbessern. Aus diesem Grund gibt es einige Apps bzw. Funktionen, die der Gesundheit des Uhrenträgers dienlich sind. Zwei Funktionen haben Sie bereits kennengelernt: die Aktivitäten und die Trainings. Es gibt aber noch weitere Gesundheitsfunktionen auf der Apple Watch. Eine davon ist die Anzeige der aktuellen Herzfrequenz.

Herzfrequenz

Die App *Herzfrequenz* führt eine Messung durch, sobald sie gestartet wird. Während der Messung sollten Sie darauf achten, dass die Uhr eng auf dem Handgelenk anliegt, da die Messung sonst ungenau wird. Für die App *Herzfrequenz* gibt es auch eine Zifferblattkomplikation, mit deren Hilfe Sie die App sehr schnell öffnen und den Puls kontrollieren können.

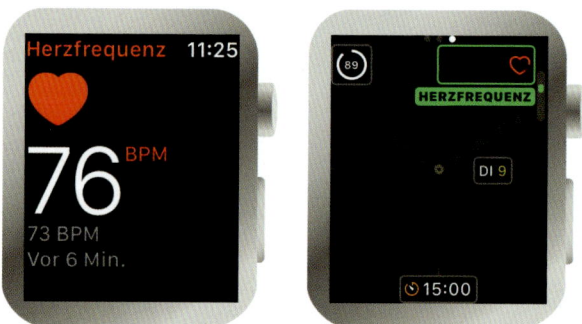

Der Puls lässt sich mit der App „Herzfrequenz" messen (links), die es auch als Zifferblattkomplikation gibt (rechts).

Auch ohne aktive Herzfrequenz-App misst die Apple Watch stets im Hintergrund Ihren Puls.

Die Health-App auf dem iPhone protokolliert Ihren Herzschlag.
Bei Workouts (rechts) wird der Puls oft bis zu 10- bis 14-mal pro Minute gemessen,
ansonsten alle paar Minuten einmal (links).

Atmen

Eine andere App, die der Gesundheit dient, ist *Atmen*. Diese App soll Ihnen helfen, bewusst eine Minute lang die Konzentration auf das Atmen zu legen und dadurch zu innerer Ruhe zu gelangen. Atemübungen werden seit Jahrhunderten verwendet, um das Lungenvolumen und die Ausdauer zu erhöhen. Außerdem entspannt eine Atemübung fast augenblicklich und fördert die Konzentration.

Tippen Sie auf *Start*, um die Übung zu beginnen. Während der Übung sollten Sie sich nicht bewegen. Das Display zeigt Ihnen an, wann Sie ein- und ausatmen sollten. Zusätzlich erhalten Sie dafür auch noch einen haptischen Impuls. Nach einer Minute ist die Übung beendet und Ihnen wird der Puls angezeigt, der während der Übung gemessen wurde. Bei Bedarf können Sie die Übung sofort wiederholen. Durch Drehen der digitalen Krone können Sie die Zeitdauer der Übung einstellen.

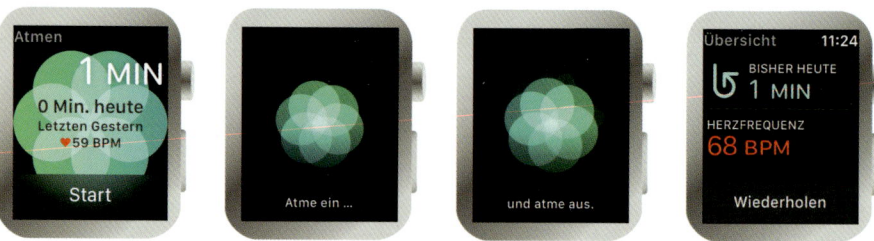

Atmen Sie eine Minute lang bewusst ein und aus.

Für die App gibt es noch ein paar Einstellungen, die Sie in der Watch-App auf dem iPhone finden. Dort können Sie bei *Atemerinnerungen* ❶ das Zeitintervall für eine Erinnerung an die Übung festlegen. Wie bei den Aktivitäten gibt es auch für das Atmen eine *Wochenübersicht* ❷, die automatisch jeden Montagmorgen eingeblendet werden kann.

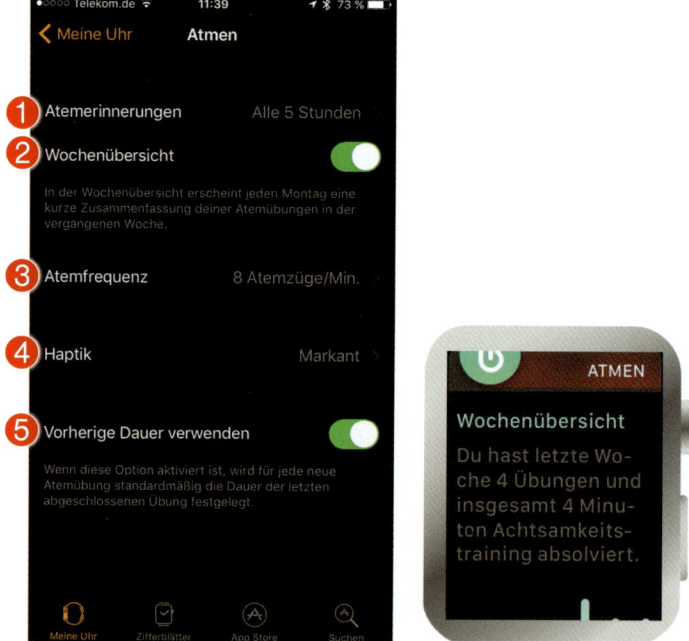

Die Einstellungen für die App „Atmen" (links). Rechts sehen Sie ein Foto der Wochenübersicht, die direkt auf der Apple Watch erscheint.

Die *Atemfrequenz* ❸ ist eine wichtige Einstellung, denn dort wird festgelegt, wie viele Atemzüge Sie innerhalb der Übungsminute machen sollen. Je weniger Sie einstellen, desto tiefer müssen Sie während der Übung ein- und ausatmen. Zu Beginn sollten Sie die Frequenz etwas höher einstellen. Wenn Sie bereits geübt sind, können Sie die Frequenz reduzieren.

Während der Atemübung werden Sie mit einem haptischen Impuls auf der Uhr an das Ein- und Ausatmen erinnert. Wie stark dieser Impuls sein soll, können Sie bei *Haptik* ❹ einstellen. Als Letztes können Sie noch bei *Vorherige Dauer verwenden* ❺ vor dem Start der Übung die Werte der vorangegangenen Übung einblenden lassen, um später einen Vergleich zu ziehen.

> **!** Die Informationen der Atmen-App werden standardmäßig in der Health-App im Bereich **Achtsamkeit** abgelegt.

Health-App

Alle Daten, die zu den Aktivitäten, Trainings und der Gesundheit gehören und von der Apple Watch erfasst werden, landen in der App *Health* auf dem iPhone. Diese App ist die zentrale Datenbank rund um Ihre persönlichen Daten. Sie wird allerdings nicht nur von der Apple Watch gefüttert, sondern auch von anderen Apps, die eine Anbindung zu Health haben, z. B. von einer App zur Messung des Blutdrucks.

In der App „Health" sind alle Gesundheitsdaten zentral gespeichert.

In der Health-App sind die *Daten* im gleichnamigen Bereich in verschiedene Kategorien aufgeteilt ❶. Wenn Sie auf eine der Kategorien tippen (z. B. *Aktivität*), werden die jeweiligen Daten von heute eingeblendet. Wenn Sie weiter nach unten scrollen, sehen Sie eine Auflistung nach verschiedenen Tätigkeiten. Wenn

Sie dort z. B. auf *Aktivitätsenergie* ❷ tippen, erhalten Sie ein Diagramm ❹, das eine Wochen-, Monats- und Jahresübersicht ❸ bietet. Die genauen Zahlen erhalten Sie, wenn Sie *Alle Daten anzeigen* ❺ antippen. Damit wird eine chronologisch sortierte Liste ❻ mit allen gespeicherten Daten eingeblendet. Auf diese Weise können Sie die Daten für jeden einzelnen Tag genau ablesen.

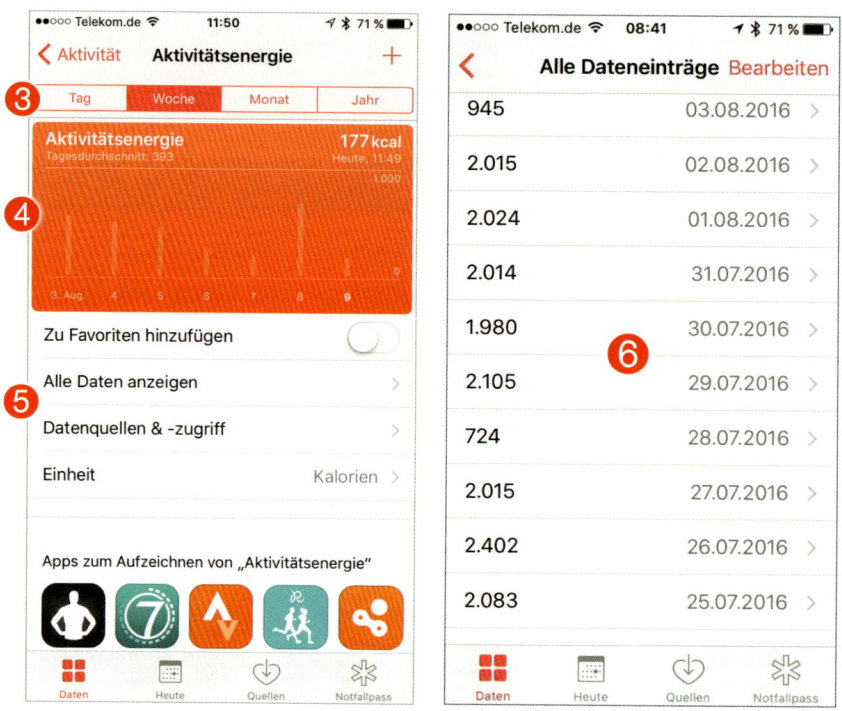

Die Daten der einzelnen Tage können jederzeit eingesehen werden.

Die Health-App hat noch eine eigene Tagesansicht, die Sie bei *Heute* ❼ einblenden können. Dort sind die Gesundheitsdaten des heutigen Tags aufgelistet. Im oberen Bereich können Sie auf ein anderes Datum umschalten ❽. Ein Fingertipp auf einen der Einträge öffnet die detaillierte Ansicht, in der Sie auch die Daten der vergangenen Tage einsehen können.

Die Übersicht für „Heute".

> Wenn Sie sich zu einem späteren Zeitpunkt eine neue Apple Watch zulegen, dann sollten Sie die bisherige Watch nicht aus dem Bereich **Quellen** in der Health-App entfernen, da damit auch alle Messwerte gelöscht werden würden. Kaufen Sie sich hingegen ein neues iPhone, dann sollten Sie dieses über ein iCloud-Backup installieren. Denn dieses Backup enthält auch alle Health-Daten. Alternativ verwenden Sie ein verschlüsseltes iPhone-Backup über iTunes an Ihrem Computer.

Index

Weitere interessante Bücher
rund um die Themen Apple, iPhone, iPad und Apple TV finden Sie
unter www.amac-buch.de.